身近なトラブルを回避するたったひとつの方法

過去と向き合い、環境を変えれば人生が変わる！

[著]
BCW.株式会社 代表取締役
燿暢《かがの》 一魁《いさむ》

合同フォレスト

はじめに

あなたはトラブルに巻き込まれやすいタイプですか？

それとも、トラブルに巻き込まれにくかったり、回避できるタイプですか？

本書を手に取っているということは、もしかすると巻き込まれやすいタイプかもしれません。

人がトラブルに巻き込まれる要因は、主に次の二つです。

1　環境……住んでいる場所、職場、学校、家庭、ＳＮＳなどを含むコミュニティ、遊びに行く場所等

2　自分のメンタリティ……他人に依存するメンタル。無意識の内にトラブルに刺激（喜び）を感じるメンタル。ネガティブに（後ろ向きに）物事を捉える負のメンタル等

1の「環境要因」は、誰でも理解できる話だと思います。極端な話をすれば、田園調布や芦屋に住んでいたり、その辺りの閑静な住宅街を散歩したりしている人は、まずトラブルに巻き込まれることはありません。ところが、錦糸町や歌舞伎町等、繁華街に近い路地を歩いていれば、ぼったくりバーの呼び込み等、トラブルに必然的に巻き込まれやすくなります。また、表参道や恵比寿に比べて、新宿や渋谷、六本木などの方がトラブルに遭うリスクも高いでしょう。住んでいる場所、行く場所によって、トラブルに巻き込まれる確率はまったく違ってきます。

しかし、偶発的なトラブルを除けば、私たちを悩ませるトラブルのほとんどは、人間関係とお金関係のトラブルです。

とりわけ人間関係のトラブルは、今、多くの人を悩ませています。ブラックな会社などでのパワハラや、学校でのいじめ、ＳＮＳなどのトラブル等、リアルな場所のみならず、ネットの中でも現代人は様々なリスクにさらされています。

この環境要因によるトラブルの回避方法は、ずばり、**環境を変える**ことです。

そうは言っても「そんな簡単に環境なんて変えられないよ！」という声が聞こえて来そうですが…。

職場でも、学校でも、家庭でも、同じ場所で、同じ人間と長時間関係しなくてはならない環境にあってトラブルが延々と続く場合、我慢する必要はありません。自分の心の健康が一番大切なのですから、とにもかくにも、先のことを考えずに逃げることです。一番は自分がどう安全で快適に過ごすか、過ごせるかです。

それでも、その環境にい続けるということは、何かあなた自身がそこいる**こだわり**を持っているのです。

つまり、環境に問題があると思っていながら、実は、自分のメンタルのあり方に原因がある――こういう人の多くは、実は、環境を変えてもまたトラブルの多い人生が待ち受けていることになります。

そこで、本書でまず最初に伝えたいのが、２の**「自分のメンタリティ」に問題がないか、見つめてみる**ことです。

どこにいてもトラブルに巻き込まれることが多い、と感じる人は、実は、99％自分に原因があります。

ところが、そういう人に限って「誰々が悪い」「ついてない」「環境が悪い」「時代が悪い」と口にして、自分に原因があることに気づいていないのです。

トラブルに巻き込まれなくなるためには、以下の二つを実行することです。

1　まずは自分の側に原因がないか見つめ、メンタルのあり方を変えること。
2　それでもトラブルが回避できない場合は、環境を変えること

本書では、具体的なトラブルの問題を題材にしながら、どうやってトラブルに巻き込まれない人生を実現するか、一つひとつ具体的に解き明かしていきたいと思います。

本書を読み終えたとき、あなたは今のトラブルを十分の一から百分の一にすることも可能です。

これから先、トラブルにいちいち囚われることのない、さわやかで希望に満ちた、明るい人生が待っているのです。

燿暢 一魁

もくじ

第2章　カガノ流トラブル回避術「人間編」
――トラブル因子を持った人に気づき、距離を置く

第3章　カガノ流トラブル回避術「環境編」
――自分がくつろげる場所を確保する

第6章　カガノ流トラブル回避術「未来編」
——トラブルを完全に回避した人生に広がる未来

第１章

なぜ、あなたはトラブルに巻き込まれるのか？

――自分の中のトラブルの種を見つめ、未来を向く

1 トラブルの原因は99％自分にある

私の知り合いにKさんという人がいます。話をする度に気づいてはいたのですが、彼は、しばしばトラブルに巻き込まれているようなのです。

「僕はよく絡まれるんですけど、どうしてでしょう？」とあるとき、相談されました。

「飲み屋でも、電車でもすぐに絡まれるし、ついていないんです。どこに行ってもトラブルに巻き込まれるので、妻も一緒に出かけたくない、と言うんです」

「Kさん、それ、自分から何かちょっかいを出していませんか？」と私は尋ねました。

よくよく話を聞けば、電車に乗っているときに無意識に足を組んでいたり、足を伸ばしたりしているそうです。当然、それを気分よく思わない人や、足が引っかかった人から「なんだよ」と言いがかりをつけられる。

「ほら、自分でトラブルの種を蒔いているじゃないですか？」と私は呆れて指摘しました。

飲み屋では、うるさい人がいるとにらみつけたりしているそうです。

「だって、あまりにうるさいと不愉快でしょう?」

「そりゃ不愉快なときもあるけど、いちいちにらみつけていたらトラブルになるに決まってますよ」

実際、Kさんと一緒に、彼のお気に入りだという飲み屋に行ってみました。狭い店内は、これ以上入れないくらいにお客さんでいっぱいです。ところが、彼はその中に強引に入って行って「ちょっとそこ空けてよ」と平気なのです。当然、「こんな狭い所に入ってくるなよ」という雰囲気が漂いました。しかし、彼はその剣呑な雰囲気にまったく気づいていないのです。

混んでいる電車で足を組んで座るのは迷惑だし、仮に空いていて足を伸ばしたりしていても、人が通ったら引っ込めれば良いだけです。飲み屋でうるさい人がいても見なければいいだけだし、不快だったら店を出ればいい。入れないくらいに混んでいたら、当然、店を変えるべきです。でも、なぜかそうしようとしない。

つまり、全部のトラブルの種は、Kさんの中にあったのです。

ところが、Kさんは自分が原因だとまったく気づいていないのです。それで、「ついていない」「今の世の中、失礼なやつばっかりだ」と、不運や、他人や、世の中のせいにしていたのです。

トラブルに巻き込まれる人のほとんどは、

「ついてないな、自分はなんでこんなにトラブルに巻き込まれるのだろう?」

と考えています。つまり、自分が原因であることを自覚していない人が多いのです。

わざわざトラブルに近づいて行って、トラブルを起こす。

なぜそんなことをするかというと、実は、そのことが刺激的で、楽しいからやっているのです。

トラブルなんて楽しいわけがない、と思うかもしれません。

当然、楽しくはないのですが、何も起こらないでいるよりも、そういう人は非日常的な刺激がある方が楽しいのです。と言うのも、生きている実感が湧くし、トラブルを起こすことで自己顕示欲も満たせるからです。それでトラブルを無意識のうちに引き寄せたり、自分から起こしたりしているのです。

それでは、なぜそのような刺激を求めるかと言えば、心が満たされていないからです。

早い話が、自分に自信がないからです。

自分の心が空虚だったり、不満に満ちたりしているから、それを補うために刺激を求める。それが喧嘩であれ、訴訟であれ何であれ、そうやって人生を満たし、自分を価値ある、強い存在と感じたいからこそ、トラブルを求めているのです。

つまり、どこに居ても、どこに行ってもトラブルに巻き込まれやすい人は、ほぼ100%自分が原因を作っています。


自分の空虚さを埋めるためや、自己顕示欲を満たすために、他人との衝突を無意識に求める――最初に答えを言ってしまうと、それがトラブルの一番の原因です。


実際、電車の中でのちょっとしたらトラブルを見ると、みな、人生に不満そうな顔をした人ばかりが起こしているのに気づくのではないでしょうか?

会社や、家庭で上手くいっていない人が、ちょっと肩がぶつかったり、足を踏まれたり、謝罪がないからと言って相手を怒鳴ったり、小突き返したり、喧嘩をしたりする……

それらはみな、自分の心が満たされていないで、憤懣が溜まっているからはけ口を求めてやっているのです。

今は、経済格差もありますし、ストレス社会ですから、大きなニュースにならなくとも、そういうストレスフルな人が身近な場所で増えているのは、誰でも肌で感じられることと思います。

物騒な時代です。ときには、身の危険にさらされることも覚悟しなければなりません。だからこそ私たちは今、トラブル回避術を学んでおくべきなのです。

2
「自分に原因があるのでは？」と考えてみる

トラブルに巻き込まれにくかったり、回避したりできる人というのは、心が満たされていて、自信のある人です。

心に余裕のある人は、自分からトラブルの種を蒔きません。

また、自分のことを客観的に見ることができるので、メンタルの状態が悪いときはあまり人と会わないようにしたり、出かけないようにすることもできます。同じように客観的に他人のことも見ているので、トラブルを起こしやすそうな人や、雰囲気の悪い場所には近づかないように気をつけることもできるのです。

逆に、**トラブルを起こしたり、巻き込まれやすい人は、基本的に自分のことしか興味がありません。自分にしか興味がないということは、視野が狭いだけではなく、悪い意味で自己愛が強い**ということです。

当然、周囲のトラブルを感じる力もありませんし、巻き込まれても、「自分は悪くない」という前提に立っているので、ワンパターンにトラブルを大きくしたあげく、他人の責任にして、相手を傷つけます。

要は、自己中心的な人間なのです。

こういう人は、自分がトラブルの原因であるとほぼ100%気づいていません。

たとえば、ある人から「高速道路でしょっちゅうあおられるんです」という相談をよく受けます。

その人に、「あなたが原因だと思いますよ」と言うと、大抵こう答えます。

「いや、そんなことはない。自分は法定速度を守って高速道路を走っているのに、しょっちゅうあおられるんだ。悪いのは交通ルールを守っていない相手の方だ」

しかし、高速道路には流れがありますし、法定速度とは言え、追い越し車線をいつまでもノロノロと走っていたとしたら、当然、あおられます。

これは「自分は常に正しく、間違ったことはしていない」と思い込んで、周囲の流れを感じようとしない、自己中心的な心のあり方がもたらしているトラブルなのです。

もちろん、世の中には悪質なあおり屋がいるのも事実です。しかし、自分がしばしばあおられたり、交通トラブルに巻き込まれている、と感じる人は、まず「自分に原因があるのでは？」と考えてみましょう。

ある若いサラリーマンが「自分は正しいことしか言っていないのに、いつも上司に怒られるんです」と不満げに訴えてきました。

しかし、はたして彼の言い分は正しいのでしょうか。

「もしかすると、未熟な自分が間違っているのでは」という客観的な視点が欠落し、「自分は正しいことしか言っていない」と思い込んでいるのではないでしょうか。

上司は恐らく、彼のその欠点を指摘しただけなのです。

トラブルによく遭う人は、まず「自分に原因があるのでは？」と考えてみましょう。

周囲で起きていることはすべて自分に原因がある、と考えてみるのです。

極端な話をすれば、「地球の裏側で起きている戦争も自分が原因なのでは？」と考えてみることです。

すると一見関係のないようなことも、実は、「自分が影響していた」「自分が原因だった」と気づくようになります。

あえて「自分が原因だったら」と考える。

すると「自分は悪くない」「他人が悪い」いうワンパターンの思考法から脱することができます。

自分にトラブルの種があると気づけば、「その種を作らないようにしよう」とか、「他人への言葉遣いや、表現の仕方に気をつけてみよう」といった変化が生まれます。

つまり、自分のことをよく知ることで、自分を変化させ、周囲との関係を変化させて、トラブルのない人生を送ることができるようになるのです。

いつも上司に叱責される…

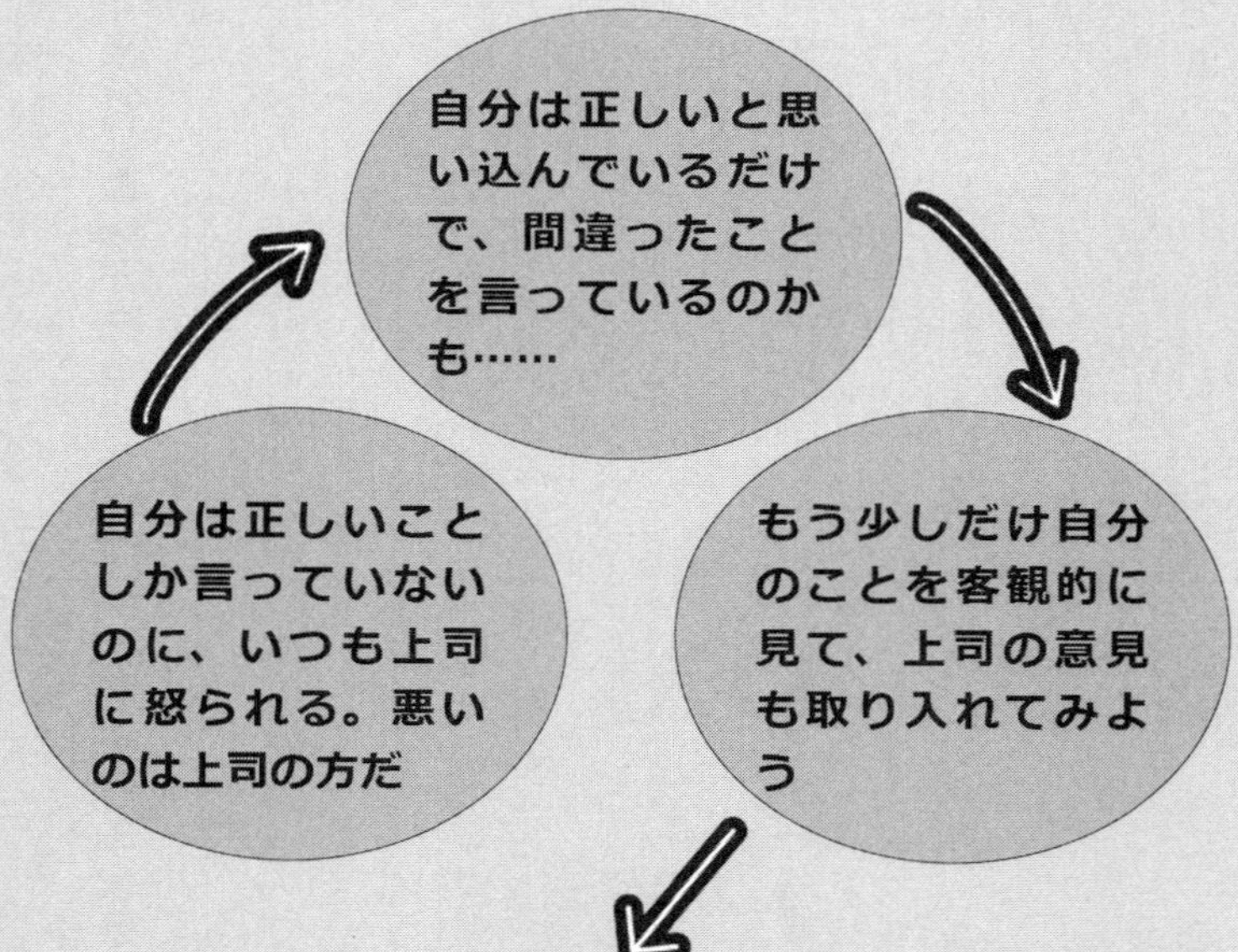
自分は正しいと思い込んでいるだけで、間違ったことを言っているのかも……
もう少しだけ自分のことを客観的に見て、上司の意見も取り入れてみよう
自分は正しいことしか言っていないのに、いつも上司に怒られる。悪いのは上司の方だ

自分の未熟さを内省し、自覚することで、建設的な人間関係が構築される

「トラブルは楽しいから、別に自分は変わらなくたっていい」と開き直る人がいたとします。しかし、そのトラブルはいずれ自分だけではなく、家族や、子どもや、大事な人、愛する人たちをも巻き込むことになるでしょう。

それでもあなたはトラブルに巻き込まれたときに、「トラブルは楽しい」とか、「トラブルの原因は自分の外にある」と主張し続けるでしょうか？

本当に、そのままの人生を送り続けていいのでしょうか？

だからこそ、まず、変えるべきは、あなたのメンタルのあり方なのです。

繰り返しますが、トラブルの原因は、99％自分にあります。

それに気づくことが、トラブルに巻き込まれない人生の最初の一歩です。

3

不良（チンピラ）よりも、「正論」を口にする普通の人がトラブルを巻き起こしている

昔、私が学生だった頃は、不良や、ヤンキーと呼ばれる（チンピラみたいな）若者がたくさんいました。リーゼントに短ラン、長ラン（学生服の丈の長さを変えたもの）という格好で、喧嘩をしたり、暴走族に入ったりするのが格好良いという、今で言う反グレみたいなものでしょうか。

かく言う、学生時代の私もその一人でした。当時は『ビー・バップ・ハイスクール』などのヤンキーたちを描いた漫画も流行っていて、反抗期の若者にとっては一種のファッションでもあったのです。

とは言っても、若い私たちの中にあるのは「自分を大きく見せたい」「強く見せたい」「格好良く見せたい」という自己顕示欲でした。

今は、不良同士の格闘技が流行っていますが、眼《ガン》をつけられたら「なにガンつけてんだ！」とか、歩いていて肩がぶつかったら「何か文句あんのか！」と喧嘩をしかけるのは、

気持ちが大きくなって心地よいから、みな、やっているのです。

ところが、現代ではどちらかと言うと、一般の人の方がそういうことをやっています。

よくあるのは、歩きスマホの人にわざとぶつかって行くサラリーマンです。もしかすると、「自分は正しいことをしている」と思っているのかもしれませんが、必ず自分より弱そうな女性や、年寄りを狙ってわざとぶつかっていくのですから、ストレス発散以外の何ものでもありません。

先日、実母が横浜市内の病院へ通院する途中で傷害事件に遭いました。

80歳を超える高齢の母は健康のため、2～3ヶ月に一度、慣れない電車と高齢者用スマートフォンを駆使して2時間弱かけて通院しています。

JR横浜駅の改札口付近で、通行人の邪魔にならない場所に移動し、次の乗換えの電車の経路をスマホで調べていました。すると、突然正面方向から肩のあたりにもの凄い衝撃で何かがぶつかってきました。

母は後ろに弾き飛ばされ、思いきり尻もちをついてしまい、何が起きたのか分からずパニック状態に陥りました。

異変に気づいた通行人が直ぐに駆け寄ってくれたらしく、駅員さんを呼んでくれましたが、激痛で起き上がれません。直ぐに救急車を呼んでもらい、病院に搬送された母は尾てい骨にヒビが入るほどの重傷を負いました。

目撃情報によると、相手は紺色のスーツを着たサラリーマン風の中年男性だったらしいのですが、転倒した母には目もくれず、足早に立ち去ったそうです。

さすがにこれは酷すぎる。警察はＪＲの協力を仰ぎ防犯カメラに犯人が映ってないか捜索に乗り出しましたが、いまだに犯人は捕まっていません。

幸いにも母は後遺症も残らず、今は元気に歩けるほど快復しましたが、高齢者は下半身の骨折などを機に後遺症や筋力低下などで歩けなくなり、そのまま衰弱して寝たきりになってしまうという話をよく耳にします。

これはストレス発散の域を超えた、れっきとした傷害事件であり、犯罪です。

また、これは最近、私が体験した例ですが、関東では、暗黙の了解でみな、エスカレーターの右側を歩いています。ところが、右側を歩けないように体を横に出している男性がいたのです。エスカレーターは歩いてはいけないというルールを盾にあえて塞ぎ、私が体を横にして狭い間をすり抜けたら「なんだテメー、危ねえだろ！」と怒鳴られました。

彼は、奥様と小さな子どもと一緒の家族連れでした。それで「自分は正しいことをして

歩きスマホを成敗!?

主観

歩きスマホなんていう危険な迷惑行為は断じて許せない！　俺が懲らしめてやろう！

真実

日頃の鬱憤を晴らすため、女性や高齢者等、自分よりも弱い相手を選んでぶつかっている

真実を内観することによる変化

誰にも認められず、愛されない自分の中の不満や怒りを他人にぶつけていたのだ

いる強い父親なんだ」と家族に見せたかったのでしょうが、はたからみれば単なる自己顕示欲です。

ポイントは、明らかに不良に見える人よりも、「正論」を口にするような普通の人たちのほうが、街中や職場などにおいて、トラブルの種を蒔いているということです。自分のことを「正しい」「価値ある存在」と感じたいから、「正論」を口にして他人を攻撃したり、注意したりする人が増えている。

「正しいことを口にするのは良いことでは?」と思うかもしれません。

たとえば、優先席に座っている若い人に説教している人がいたとします。正論ではあるけれど、ガミガミ言うのは相手だけではなく、周囲の人にも不快感を与えます。もちろん、トラブルの原因にもなります。こういうやり方で人を責める人は、実は、他人のためではなく、大抵は自分のためにやっています。これもまた、一つの自己顕示欲です。日頃のストレスを「正論」の名の下に発散しているのです。

いわゆる、「マスク警察」もそうです。コロナ禍の中、マスクをしていない人を見つけては責め立てる人たちですが、彼らは、自分が勝てそうな弱い人にしか言いません。「世の中の悪を懲らしめている」という気持ちでいながら、弱い者いじめをしてすっきりしているだけなのです。

また最近では、電車の中で痴漢などを見つけて捕まえる「私人逮捕系」ユーチューバーなどが流行っているようです。これなどは世の中を良くするためではなく、自己顕示欲どころか、自分の欲望を満たすためにやっていることは誰の目にも明らかだと思います。

こういう「正義マン」たちが、今、リアルな場所だけではなく、ネットやSNSなどでもいたるところでトラブルを起こし、世の中にギスギスした空気をもたらしているのです。

「正義マン」に絡まれたら、同じ土俵に立ってやり返すのではなく、「かわいそうな人だな」と思って、すみやかにその場を離れることが一番です。

でも、まずは自分が「正義マン」になっていないか、チェックしてみてください。

「自分は正しいことを口にしている、間違っていない」と思いながらも、実はストレスを発散して、トラブルの種を蒔いていませんか？

いつも「自分は間違っていないのに」と思いながらも、なぜかトラブルを招いてしまいがちな人は「まずは、自分の中に原因があるのではないか？」と考えてみましょう。

「正論で人をやりこめたい」と思うのは、正しいことをして世の中を正しているのではなく、自分のためにやっているのです。

4 幼少期の体験がトラブル体質を生み出す

世の中には、「トラブルを起こすことによって人間関係が深まる」というふうに錯覚して生きている人たちもいます。

たとえば、恋人や夫にＤＶをされ、ひどく殴られることで愛情を感じる女性や、喧嘩をすることでお互いの存在価値を認め合う不良などです。逆に言うと、彼らは愛情表現も受け取り方も、下手なのです。暴力によって傷つけ合うことでしか他人と関われず、自分の存在価値を感じられないから、いたしかたなくそういう極端な関係を選んでいるだけなのです。

実は、こういう人たちのほとんどは、両親がいつも喧嘩をしていたとか、不仲だったとか、素直に愛情を与えられなかった家庭環境の中で幼少期を過ごしています。

人間関係の土台は、幼少期に作られます。保育の世界では基本的人間関係の土台は3歳まででほぼ決まると言われていますから、私たちが思っているよりも、はるかに影響が大きいのです。

DVまでいかなくても、母親から「何々しなさい」といつもとがった言い方で怒られていたり

「何でも私の言う通りにすれば間違いないから」といった過干渉の中で育ったり……親子関係のあり方が、私たちには無意識に刷り込まれています。

つまり、幼少期に体験したことは、大人になっても尾を引いているということです。無意識の状態で刷り込まれているので、大人になってから意識的に変えることが難しい。だから、DVを受けて育った子が大人になり、親になると自分の家族にDVを繰り返してしまうわけです。

でも、安心してください。過去のトラウマによるトラブルも解決する方法があります。どうすればいいかと言うと、「そのトラブルの種は自分が生み出したものではなく、親から（外から）植えつけられたものである」と気づくことです。

「自分がトラブルを起こしている原因は自分自身の性質ではなく、親子関係にあったのだ」

これを自覚するだけで、不思議なことに人間は変わることもできます。結果的に、トラブルを起こさなくなり、回避することが出来るようにもなります。

なぜなら、そのトラブルの種は、「あなた自身の中に生まれつき存在していたものではなく、親から植え付けられたもの」だからです。

子どもは親を選べません。環境を選べないので、それは強制的に与えられ、植え付けられてしまった種なのです。

これに気づくだけで、思っているよりもあなたの習性は、変わります。

あなたの人間関係の作り方や、他人への接し方、口調などは、多くは親との関係から受

虐待の連鎖!?

主観

また暴力を振るってしまった。これは自分の持って生まれた資質だからどうにもならないのだ

真実

トラウマは自分が生み出したものではなく、親から（外から）植えつけられたものである

真実を内観することによる変化

ＤＶを起こしている原因は自分自身の性質ではなく、親子関係にあったのだと気づくことで、トラウマが少しずつ外れ、解消されていく

け継いだものです。

母親が偏屈な考え方を持っていたり、父親が頑固すぎたり……ちょっとしたことで意外な影響を与えている。人間というのは環境に染まって生きる生き物ですから、自分で思っているよりも親の影響が強いのです。

繰り返しますが、あなたの中のマイナスの要因の多くは、親や、環境から与えられたもので、**外からやって来たもの**のです。決して、遺伝的なものでもなければ、生まれつきの性質などではなく、単に植え付けられたもの――**外から植え付けられたものなら、それを取り外して自由になることも可能**だということです。

もちろん、「さて、取り外そう」と思ってすぐに取り外すのは難しいでしょう。けれども、何かトラブルを起こしそうなときに「これは親から受け継いだ習性なんだな」と気づくだけで、少しずつ外れていきます。

自分の欠点や、トラブルの種になっているものを内観して見つめ、その根っこにあるものを自覚するだけで、それは自分自身の自我から分離し、解消していくものなのです。

「ああ、ここで手を挙げたり、乱暴な言い方をしたりするのは親の影響で刷り込まれたものだな、外的要因なのだな」と、ことあるごとに気づくことです。

すぐには難しいかもしれません。まずは、自分のトラブル体質の原因を家庭環境に遡って、見つめてみましょう。

自分のものではないのだから、当然、捨てることもできます。

自分は変わることができるのだ、と知ることこそが、新しい生き方の希望となり、トラブルを少しずつ減らしていく新しい人生につながっていくのです。

5 過去の負の感情に引っ張られている人は、すべてがトラブルになってしまう

ほとんどの人は、過去の負の感情に紐づけられています。何か未来の目標を設定する場合でも、その延長線上で未来を見る癖があります。けれども、負の過去に紐付いて目標を

設定すると、必ずトラブル続きになり、上手くいかないものです。

たとえばビジネスをやっていると、まず売り上げの数字で目標を設定するのではないでしょうか。しかし、そのやり方で、目標を達成した人はほとんどいません。できる人はたまたまか、そもそも力があった人で、99％達成できないのです。

それはなぜかと言うと、**「負の感情から立てた目標設定」**だからです。

過去の負の感情に引っ張られ、そこからタスクを出しているからです。

タスクとは、「やらなければいけないこと」です。言わば、義務ですから、それを見ただけでテンションが下がります。会社の営業のノルマなどがそういうものです。嫌だなぁ、と思ってやっているから、前に進まないし、はかどらないのです。

足りていない数字を延ばすということは、過去のマイナスをプラスにしたい、という目標設定です。

言わば、未来を向いているつもりが、背後を気にしながら、その延長線上で未来を見ている。つまり過去に縛られ、限定付けられているのです。

負の状態から目標設定してタスクを立てても、モチベーションが上がらないばかりではなく、仕事が義務そのものになって喜びを感じられないので、タスクそれ自体がトラブルのように感じられてしまいます。

仕事というのは、一つひとつ課題をクリアしていくことです。嫌々仕事をやっていたとしたら、タスクそれ自体がトラブルになってしまい、結果的に本当のトラブルも招き寄せてしまう、という負のスパイラルにはまってしまいます。

それではどうすればいいかと言うと、まず**「理想の未来を想像し、そこから目標を立てること」**です。手順としては、次のようなものになります。

理想の未来から目標を設定する方法

1．過去に縛られていない状態で、最高の未来をイメージしてみる。自分のありとあらゆる制限をなくして、それを思い浮かべただけで顔が思わずにやついてしまうような未来を思い描いてみる。
↓
2．その状態になるにはどうすればいいか？　そういう状態になるには幾ら稼げば良いか?という具体的な数字の目標を設定する。
↓
3. 次に、その数字を稼ぐために今日できる具体的なタスクは何か?を考える。
↓
4. 負の過去ではなく、楽しい未来に紐付けている目標だからこそ、「これをやったら、こんな未来が待っている」と仕事が楽しくなる。
↓
5. 前を向いて進んでいるので、一つひとつのタスクをクリアするのが楽しく、困難があってもいちいちトラブルにならない。

楽しい未来に紐付いた目標設定を立てて、そこに至るための具体的な階段を立てて進んで行くわけですから、楽しくないわけがありません。

それどころか、こういった前向きな仕事の仕方をしていくと、トラブルが喜びにもなるのです。なぜなら、一つひとつトラブルを克服すればするほど、理想の未来に近づいていている、というやりがいが生まれるからです。

これは言わば冒険家や、アスリートのメンタルです。困難な山の頂上を目指す登山家や、障害物競走を走るランナーを思い浮かべてください。彼らはゴールに向かって困難や、障害があることこそが楽しみになっています。「最高のゴール」という未来に現在進行形で向かっているからこそ、その難しいプロセスそれ自体が楽しくなっているのです。

一方、「過去や現在のマイナスの状態を何とかプラスにしたい」と考えて仕事をしていると、ちょっと上手くいかないだけですべてトラブルに感じてしまいます。

赤字経営の会社を建て直そうとしたり、営業のノルマを必死に達成しようとしても、ほとんどの人が「何で俺の人生はトラブルばかりで上手くいかないのだ、疲れた」となってしまうのは、これが原因です。

×「仕事はトラブルばかりだ」と考えている人……過去の負の感情に紐付いた目標設定をしている

○「仕事のタスクをクリアすることが楽しい」と考えている人……未来の楽しい夢や、

ビジョンに基づいた目標設定をしている

つまり、仕事が上手くいかず、トラブルばかりだと嘆いている人は、大抵、負の感情に紐付いた後ろ向きの目標設定をしているのが原因なのです。

過去の負の状態から始めると、やること為すこと全部負のオーラをまとってしまいます。結果、すべてがトラブルだと感じるようになってしまうのです。

未来の夢から始めると、そこに向かう一歩一歩が楽しくなる。何かトラブルがあっても楽しめるし、当然、積極的に解消して、先に進みやすくなります。

仕事をしていれば、トラブルや、困難は必ず訪れます。

それを嫌だと思うのではなく、楽しんで前に進めるかどうか――捉え方ひとつで、人生の質は大きく変わってきます。

6

過去を「みそぐこと」で、トラブルは劇的に減る

これまでお話してきた通り、トラブルの99％は自分が原因であり、また、トラブルがあってもトラブルと捉えるかどうか決めるのもまた、自分です。

つまり過去の負の感情に紐付けられた人ほどトラブルに遭いやすく、また仕事や、人生におけるすべての出来事や、タスクをトラブルと感じ、悩まされるのです。

そこでトラウマやコンプレックス等、自分の負の感情をどうやって克服するか、が問題になります。

実は、ここで一番やってはいけないのが、ポジティブシンキングです。過去の負の感情を直視するのではなく、ポジティブな言葉を繰り返すことによって一旦忘れよう、とか、波長を変えていこう、とかすると、こじれます。

ポジティブ系の自己啓発書を読み漁ったり、ふわふわしたスピリチュアルにはまっている人が逆に鬱になったりするのは、それが対処療法だからです。ポジティブできれいな言

葉を繰り返しているうちは心地いいのですが、自分の負の感情から目を逸らし続けているだけなので、どうしても反動があります。

また、トラウマがある人に対し、過去を探求したり、過去の解釈を変えることで未来を変える、といったワークなどもあります。

たとえば幼少期に親に叩かれた経験がトラウマになっていたとして、「自分の為にやっていてくれた」と記憶の書き換えをするのです。けれども、それも無理やり自分に思い込ませているだけなので、どこかで無理がやってきて、逆に不安になったりするのです。

もちろん、本格的な精神分析などにかかることは一定の効果があるかもしれませんが、日本においてはまだ一般向けとは言えません。

そこで私がお勧めしたいのが、**「みそぎノート」**を作成することです。

過去を認識し、みそぎをするだけでなく、未来のビジョンに対応して書き出すことで、前に向かって人生を歩んでいくことができるようになります。

「みそぎノート」エッセンシャル版

みそぎノートは真剣に取り組むことによって、思考の状態、感情の状態、身体の状態を極限まで引き上げます。今回はエッセンシャル版（簡易版）をご紹介します。まずは気楽に取り組んでみてください。

みそぎノートは朝少し早く起床して、起床後1時間以内に取り組むのが理想です。夜はその日一日を振り返り、自分や関わってくれた人への感謝の感情を味わう時間です。作業終了時（終業後）、または就寝前に書くのが理想です。

まずは深く深呼吸を3回しましょう。

みそぎノートは誰かに見せたり、提出したりするものではないので、日記帳のような感覚で書きます。誰にも見せない前提なので、自由に思ったままを描く、書くのがポイントです。「こんなの誰かに見られたら恥ずかしい」と思うくらいの内容でかまいません。

●朝の部

①　悩み・苦しみ・気になることなどを書き出し、負の感情を味わう

・不安を消すには不安を仕分ける。「今すぐできること」「なんとかなりそうなもの」「今の自分に解決できないこと」を分けて書きます。

・できればパソコンやスマホではなく、手書きで文字を書くことで、より感情を味わえます。

・悩み・苦しみ・気になることなどを書き出すことで負の感情が鮮明に出てきます。

・嫌な気分や感情になりますが、この負の感情に真摯に向き合う（味わう）ことが大事。負の感情を見ないようにすると、それは単に負の感情から逃げているのと一緒。逃げれば追いかけてきます。ここを飛ばして理想の未来を描いて上書きしても、負の感情は何度も戻ってくることになります。

・「戦い、争いの意識」「違和感の無視」「過去の自分を責める」「起きて欲しく

ない未来」「頭で考え過ぎる」。これらをすべて書き出します。

② 理想の未来、望みを書き出す

あなたの現状から少し先の未来や望みではなく、現状の制限を度外視した未来や望み（年収が今の100倍になったら、など）を描くのがポイントです。

取り組み始めは現状の延長線になってしまうことがありますが、現状はまったく無視した、突拍子もないことを描くのです。書いていて「こんなことありえない」「書いていて笑っちゃう」くらいが丁度良いのです。

③ 理想が得られたときの感情を書き出し、臨場感を味わう

ここが一番重要です。②で書いたことを読み返しながら湧き上がってくる感情やオノマトペを書きます。

「ウキウキ」「やったー！」「ざわざわ」「幸せだー！」「どやっ」「よしっ！」「ホッ」「ほんわか」など、オノマトペに特に型はありません。理想の状態が得られたときのことを思い浮かべ、頭の中に浮かぶ「ひと言」を書くのです。言葉になっていなくてもかまいません。

④　その日にできる具体的な行動（タスク）を書き出す

③まで書くと、人によっては一人でニヤニヤしながら幸せな状態になります。巷で流行っている、ただ達成したいことをいくら書いても、この感情はなかなか引き出すことはできません。

そのニヤニヤした幸せな気分、状態で今日具体的にできることを書きましょう。

朝、書くことは以上です。「やらなければいけないこと」が「やりたいこと」に変わっているはずです。

この状態でタスクを書くことで「やりたいこと」になっているので、「やらされている感」がなくなります。

●夜の部

⑤　感謝の気持ちを書き出す

夜は今日一日を振り返り、自分や関わってくれた人への感謝の感情を味わう時間です。心穏やかに、素直な気持ちで周囲への感謝を書き出しましょう。

以上がみそぎノートのエッセンシャル版となります。簡易版ではありますが、毎日取り組むことで効果は出ます。

私の生徒さん100人以上が、簡易版でも何かしらの成果・効果を実感しています。

現代の人たちは自分に向き合う（内観）時間を取れません。しかし、みそぎノートを活用することで、自分に向き合う時間をしっかりと取り、より豊かな人生を送れることは間違いありません。

「こんな自分が隠れていたのか」と、驚愕することでしょう。

■おまけ
みそぎノート・完全版の「夜の部」

余裕がある方はぜひ以下の内容を書き出してみてください。

1 今日やってみたこと、試してみたことは？
2 それに対する上手くいった点、失敗した点は？
3 1と2に対しての気づきは？
4 感謝すべき点は？　今日の自分に◯の評価をするとしたら？
5 今日のモチベーション、マインド&行動の変化は？
6 何が足りていなかった？　改善すべきアイデアは？
7 試してみたい方法は？　明日は何をする？

みそぎノート（エッセエンシャル版）の作成例

①

・上司に毎日のように怒られ、気が滅入ってくる。こんな会社はすぐにでも辞めたい

・最近、妻とケンカなかりで家に帰りたくない

・来年は長男が大学進学で、またお金がかかる。今の給料では足りない…

②

・理想の会社が見つかった！　給料は今の3倍!!　部長待遇で休みも多い

・今年の夏期休暇は家族で7泊8日のハワイ旅行に行ってきた

・子どもを置いて、妻と2人で10日間のヨーロッパ旅行に行った。2人で旅をしたのは新婚旅行以来だ。この歳になって妻とラブラブの旅行に行けるとは…。妻の笑顔が愛おしく見えた

・自分の企画が認められ、会社から臨時ボーナスをもらった（前職の年収と同額だった！）。何をやってもうまくいくし、いい上司・部下に恵まれてサイコーだ！

③

・ヤッター！

・しあわせ〜

・ウキウキ

・どーだ！

④

・転職サイトに登録する（5社）

・いつでも辞められるように、今やっている仕事をマニュアル化する

・旅行代理店を覗いてみる

・妻に花を買って帰る

⑤

・出がけに近所の人が笑顔で挨拶してくれた

・上司が仕事ぶりを評価してくれた

・訪問先の受付の人がとても丁寧に対応してくれた

・顧客に感謝の言葉をかけられた

・妻が作ってくれた夕飯が、今日もおいしかった

これだけです。ノートの真ん中に線を引いて対応する形で書いても良いし、見開きで大きく使って書いてもいいでしょう。

たとえば、お金に苦しんできた人ならシンプルにその事実を書き、それに対応する形で最高のお金に困らない生活のイメージを描き出す。家庭環境でトラウマがある人なら、最も幸せな家庭のイメージを描き出す。

ここで注意すべきは、**未来のビジョンに制限をかけない**ことです。

理想の未来を描くときは、お金も、時間も、環境の制限もない、本当に自由なところから、自分が一番心地いいビジョンを思い描いてみましょう。

ところが、ほとんどの人はそんな状態で未来を思い描いたことがないので、ちっぽけなビジョンしか出てきません。たとえば、

「週3日くらいしか働かずに、そこそこの生活がしたい」
「人間関係が良くて、それなりに給料がいい会社に行きたい」
「借金をなくして、貯金のある自由な生活がしたい」

こんな具合です。これは、今の負の感情に対応する形で未来を思い描いているから、スケールが小さなものしか出てこないのです。「働き過ぎて疲れた」とか、「給料をもう少しもらいたい」「借金があるから借金のない生活をしたい」というのは負の感情に紐付けられた未来のビジョンです。後ろを向いたままなので、未来に向かってポジティブに動いていく気持ちにはなりません。

想像力を思い切り羽ばたかし、自分の一番心地いい生活や、やりたい理想の仕事などをイメージして、自由に思い描いてみましょう。

そこに書いてある文字を見るだけで幸せな気分になれるような、最高の未来を思い描いてみるのです。するとそのイメージに向かって近づくにはどうすればいいか、具体的に考えることが楽しくなり、行動する力が湧いてきます。

具体的な目標を決め、未来に向かって歩き出すと、不思議なことに、過去の負の感情が気にならなくなります。

また、過去を認識して踏まえつつも、これから向かう未来の目標のビジョンが定まるので、具体的に行動をしやすくなるのです。

心がポジティブになると変な人が寄ってこないので、結果的にトラブルが減るだけではなく、これまでトラブルだと考えていた出来事が、トラブルだと感じなくなります。**なぜなら、それはトラブルではなく、未来のビジョンに向かう必然のプロセスであり、タスクになるからです。**

これが過去を踏まえつつも未来を見て、「みそぐ」ということです。

みそぎ方を知らないから、人は誰かに当たったり、トラブルを起こしたりするのです。

7 トラブルがトラブルでなくなる生き方

多かれ少なかれ、人はトラブルに囲まれて生きています。生まれた瞬間から死ぬ瞬間まで、何かしらのトラブルに囲まれている、と言っても過言ではありません。

私自身、これまで「トラブルの連続」と言っても過言ではないような波瀾万丈の人生を生きてきました。30半ばで家業である父親の運送会社を借金5000万円の状態から引き継ぎ、リーマンショックの荒波を超えて売り上げを5倍の10億円まで伸ばしたのも束の間、別事業の投資に失敗し、結果的に10億円の借金と共に経営破綻してしまったのです。10億円の借金です。家族（身内）や部下の裏切り、仲間と思っていた者たちが次から次へと去って行くという完膚なきまでの絶望感……積み上げてきた全てを失った私は、「もう駄目だ」という絶体絶命の地点まで追い詰められました。

そのとき、トラブル解決のエキスパートである師匠に出会い、自己破産しなくてもいい法律、方法で助けてもらったのです。2年間カバン持ちをしながら現場で師匠のスキームを見て、聴いて、実際に現場を肌で感じながら習得しました。それから「自分のような窮地に陥った経営者を助ける仕事がしたい」という一心で独立し、借金問題を中心にした様々なトラブルを解決するコンサルタント業を始めたのです。

これまで、私は延べ3万件以上のトラブルに関わり、解決してきました。また1000社以上の絶体絶命の経営者を助け、救ってきました。その詳細は、本として公開できないような生々しい話ばかりです。しかし、一つだけはっきりと言えることがあります。彼らと付き合う中でつくづく感じたことは、結局、**「トラブルの原因は、99％自分にある」**ということです。

経営者のメンタルが変わらなければ、仮にそのときは何とかしのいだところで、何度も同じ過ちを繰り返してしまう――そこで同じ失敗をしないように、自分の失敗を元に、経営者向けにビジネスのやり方を教えるセミナー事業を始めました。

借金問題のコンサルタントから経営者向けのセミナー業にシフトする中で、結局、「その人のメンタルが変わらなければ、テクニカルなこともビジネスのやり方も変わらない」ことに気づき、人間関係からメンタルコーチまで、様々なシチュエーションでのトラブル解決法を伝えるようになったのです。

これらの経験があるからこそ、私は**「トラブルを回避する方法についての本を書こう」**と思い立ったのでした。

今の私にとっては、もはやトラブルはトラブルではありません。

なぜなら、クライアントさんのトラブル解決に手を貸し、未来に向かって生きるメンタルのあり方を教え、立ち直ってくれることそのものが一つの喜びであり、自分を成長させてくれるタスクにもなっているからです。

経営破綻するような大きなトラブルではなくとも、現代社会に生きる私たちは、人生の折々に様々なトラブルに出会います。家庭、学校、仕事、老後の生活設計、遺産問題……そこには、いずれも何かしらの乗り越えるべきトラブルが待ち受けていることでしょう。

トラブルを減らすことはできても、なくすことは決してできない。

だとしたら、**トラブルをどう捉えるか**、が大事になってきます。


これは、ちょっとした日常のトラブルも同じです。

先日、とある知り合いの女性から、

「家事の中でも料理を作るのが苦手で、できればやりたくないんです」という悩みを相談されました。つまり、彼女にとって料理は一つのトラブルだったのです。

私は、彼女には「推し」の俳優がいたのを知っていたので、こう聞きました。

「その俳優さんが『ごはん作って』と言ったらどうする？」

すると顔がにやけて、

「〇〇君がそう言うなら作ろうかな」と答えます。

このとき、推しの俳優に「料理を作って」と頼まれた未来を頭の中で思い描いた彼女にとって、料理は**「やらなければいけないこと」から、「やりたいこと」に変わった**のです。

「〇〇君に美味しいものを食べさせてあげたい、という気持ちなら、料理も勉強すると思う」

「それじゃ、本当に好きな恋人ができて、その人から料理を作って欲しいと頼まれたら、作ってあげたい、という気持ちになる？」

「そうですね。たぶん、そうなります」

彼女にとって、もはや料理はトラブルではなく、未来のビジョンを実現する楽しみになったわけです。

こんなふうに生活の中で楽しいビジョンを見つければ、苦手なものも好きになることができます。結局、捉え方なのです。

捉え方次第で　今までトラブルだと思っていたことがトラブルでなくなります。

自分の身や、周囲に起こったことに余計な負の感情をまとわりつかせることなく、執着せずに振る舞うことができるようになります。

それが自分のことだけではなく、他人のことでも同じです。

レストランや飲み屋で騒いでいる人たちがいたとします。そちらに引っ張られて何か言いたくなるということは、自分の中の空虚さを埋めるためや、過去の負の感情から衝動的に行動しているのです。

そんな自分の中の負の感情に気づき、みそいで、未来に目を向けて生きていれば、必要以上にトラブルに巻き込まれることはなくなっていきます。

また、トラブルが起きても、それは理想の未来へのタスクであり、あるいは、自分を成長させてくれる学びの機会だと捉えることもできるでしょう。

未来のビジョンに向かって成長しながら生きている人にとっては、どんなトラブルもトラブルではなくなるのです。

第2章

カガノ流トラブル回避術「人間編」

——トラブル因子を持った人に気づき、距離を置く

1 悩みを抱え、陰気な顔をしている人とは距離を置く

第1章では、まず「自分の中のトラブルの因子をなくし、すべてのトラブルを未来の目標に向かうためのタスクと捉えて、前向きに生きる方法」をご紹介しました。

この章以降ではトラブルを起こしそうな人のタイプや、付き合い方、対処法等について、私、燿暢一魁《かがのいさむ》自身の体験・経験を踏まえつつ、**「カガノ流トラブル回避術」**として、一つひとつ整理しながら具体的にご紹介していきたいと思います。

まず気をつけなくてはならないのは、**陰気な、暗い顔をした人**です。

たとえば、陰気な顔で、声のトーンが暗かったりするのは、何かしら内面にトラブルを抱えている人です。あるいは、陰気な顔なのに声を張り上げている人もいます。こちらは、自分の中の鬱屈したものを外部に発散しようとしているタイプです。

こういう人が、街中や、身近な所にいた場合は、極力近寄らないように気をつけましょ

う。ただ、友人や知り合いにいた場合は、要注意です。

もちろん、話を聞いたり、力になってあげることができればいいのですが、相手がこちらの話に耳を貸すことのできない状態だったり、相手の問題を共有できるようなエネルギーのある状態に自分がなければ、一緒にいてもリスクがあるだけです。結局、無理をして付き合っていても何らかの人間関係のトラブルが生じます。

仮に、「友達だから」とか、「古い知り合いだから」という義務感だけで話を聞いていると、いつの間にか自分の中の「陽」の気が吸い取られ、相手と同じ「陰」の気をまとうようになっていきます。すると運気を奪われ、トラブルに陥りやすい体質になってしまうのです。

もう一つ気をつけなくてはならないのは、**共依存の関係**です。

これはよく女性同士の友人関係にありがちですが、「仲の良い友達だから」と相手の悩みに深入りしすぎたり、何とか助けてやろうとしたりすると、負の人間関係に巻き込まれます。相手に頼られ、助けているつもりが、いつの間にか、「悩んでいる相手を助けている自分」というのが気持ちよくなって、お互いに依存し合うことになるのです。

つまり、相手は自己肯定感が低いのであなたを必要とし、あなたは自己肯定感が満たされるので困っている相手を必要とする——この癒着した関係が、共依存です。

こうなると、相手の人生との距離感がまったく取れなくなるので、負の人生や、人間関係をそのまま請け負うことになってしまいます。結果、手ひどいトラブルが待ち受けていて、ほとんどの場合、共倒れになってしまうことになります。

これは友人関係でも、家族関係でも同じです。人間というものは、たとえそれが夫婦や、肉親であったとしても、他者と癒着して、依存し合う関係になると病的な状態になって、上手くいかなくなるものなのです。

相手と距離を置く、という場合の「距離」は3つの種類があります。

① 時間的な距離……相手と会うまでの時間を置く
② 物理的な距離……相手の近くに行かない
③ 精神的な距離……悩み等、深い問題にあえて触れない

この3つを相手に合わせて使い分けることで、関係が改善されることがあります。とりわけ、お互いが感情的になっている場合は、時間的な距離を置くことでお互いに冷静になり、良い関係を再構築することができるかもしれません。

家族や、学校の友人、会社の同僚など、物理的に近くにいる人がネガティブな状態に陥っている場合は、一度や二度なら親身になって話を聞くのもよいでしょう。しかし、ネガティブなメンタルの相手に執着されたり、依存的な関係を求められ始めたら、アウトです。その気配を感じた場合は、よほどのことがない限り、3の**「精神的な距離」**を取ることが必要です。面と向かうことがあっても、あえて精神的な問題に触れないようにしたり、深入りしないように気をつけましょう。

未成年のお子さんを持つ親の立場などは別として、たとえ親、子ども、兄弟のような家族であっても、一人ひとり別個の人間です。お金のトラブルや、人間関係の悩み……これも相手の問題を「何とかしてやろう」と過剰に干渉すると共依存の関係になり、共倒れすることになりかねません。状況が改善するどころか甘えられ、悪化するようなら、たとえ肉親であってもあえて距離を置いたり、突き放す勇気が必要です。

悩んでいる相手に対して「距離を置く」と言うと、冷酷なように取られるかもしれませんん。しかし、**人は適度な距離感があるからこそ、お互いの世界を尊重しながら、上手く付き合っていくことができるのです。**

もし他者との距離感が異様に縮まったり、相手がこちらの世界に土足で入って来るような気配を感じたら、黄色信号です。

距離を取ろうとしても相手に執着されたり、粘着されたりして、負の問題に巻き込もうとしてくる場合は、完全に赤信号。

「距離を置く」ではなく、「縁を切る」くらいの覚悟が必要です。

◎まとめ……友人・知人が悩んでいる場合の付き合い方

①相手と適度な距離を置きつつ、こちらが力になってあげることができる状態の場合

←

あまり深入りしすぎないようにしつつ相手の話を聞き、自分なりのアドバイスをする。

②相手がこちらの話をまったく聞かなかったり、攻撃的になっている場合
← 極力、距離を置いて、落ち着いてから話しかける。
③相手が必要以上にこちらを頼り、依存してくる状態の場合
← 一番危険な関係です。冷酷に思われるかもしれませんが、すみやかに距離を置いて、一旦、離れましょう。最悪、縁を切ることをお勧めします。

2 日常的に大声の人がトラブルを起こす確率は3倍

日常から大声を出している人は、ほぼトラブルメーカーです。なぜなら、「何かしら満たされていないものを声の大きさで満たそうとしている」場合がほとんどだからです。

これは男性に多いケースですが、**地声の大きな人の背景には自己顕示欲があります。**奇抜なファッションをしている人と一緒です。

「俺はここにいるぞ」「俺の存在は価値があるぞ」「俺の意見は大事だぞ」と周囲にアピールしているのです。

要は、自分に自信がなかったり、コンプレックスを抱えているので、反動で声が大きいわけです。私の経験上、仕事でも、プライベートでもこういう人と付き合うと、トラブルに遭う確率は3倍になります。

レストランや居酒屋でも、やたらに声の大きな人というのは耳につくと思います。大抵、そういう人は自慢話をしているのに気づくはずです。つまり、自己顕示欲から声が大きくなっているのです。

また、普段は小心者なのに、居酒屋で酔っ払って気が大きくなり、大きな声を出す人がいます。これは普段、気が小さくてコンプレックスを抱えているので、大声を出して自分を大きく見せたいという現れです。

犬などの動物は、大きな鳴き声を出して敵やライバルを威嚇します。人間も動物ですから、同じように声の大きさで威嚇したり、マウントを取ったりします。だからチンピラ同士が喧嘩をするときは、大声で張り合うのです。

本当に強い人は、大声を出しません。

「弱い犬ほどよく吠える」という言葉がありますが、去勢を張らないと自信がないので、大声を出してマウントを取ろうとしているのです。

つまり、町中や居酒屋で大きな声を出す人がいたら、マウントを取ろうとしたり、攻撃的な状態にあるということなので、絶対に近寄らないことです。また、身近にそういう人がいた場合は、仮に親しい間柄であっても適度な距離感が必要です。


女性の場合は、**感情的な声を出す人**がこれに当たります。

ことあるごとに感情をそのまま声に乗せて話すということは、コンプレックスや愛情不足等、満たされていない部分があるということです。自己防衛本能から、周囲の相手を攻撃しようとして、感情的な声になるのです。ことあるごとにすぐにヒステリックな声を出したり、棘のある言い方をする人とは、それとなく距離を置くように努めましょう。

会社などで距離を置くのが難しい場合でも、「この人は内面に問題があるから大声を出しているのだな」「ヒステリックな言い方をするのだな」とできる限り客観的に見て、**相**

手の土俵に乗ってその声を正面から受けないことが心理的ストレスを減らし、トラブルを避ける秘訣です。

大声を出す人や、感情的な声を出す人は、**「本当は自信がなくて満たされていない、かわいそうな人なのだな」**と哀れんで、まともに相手にせず、静かにやり過ごしましょう。

◎まとめ……大声を出す人との付き合い方

①街中や居酒屋等で、大きな声を出している人に気づいた場合

↓

攻撃される可能性が高いので極力近寄らない。とにかく離れる。

②友人・知人で大きな声を出す人がいる場合

↓

相手に合わせて大きな声を出さず、こちらの淡々としたペースに巻き込んでゆく。

繁華街などは一緒に行かないようにする。

③会社の同僚や上司などで大声や感情的な声を出す人がいる場合

←できる限り一緒に仕事をしない。大声や、感情的な声で話している場合は、客観的な言葉ではないので、聞き流す。

3　SNSで、相手に対抗心を抱いてしまったときは赤信号

今は、SNSをやるにも様々なリスクがつきものです。芸能人や著名人でなくても、相手に対してマウントを取ったり、取られたり、非難したり、されたり……他人と比較し、優越したりしようとすることでマウント合戦になり、トラブルの火種が生まれます。

特にネットでは直接顔を合わせない分、ほとんど知らない人から攻撃的なコメントや、

論戦を仕掛けられるようなこともあります。
その場合の対処法としては、次の言葉が正解です。

「そういう意見もありますね、ありがとうございます」

これでサクッと終わらせて、相手にしないことが大切です。それでも粘着されたり、しつこかったりする場合、即ブロックしましょう。

リアルでもSNSでも、トラブルに巻き込まれる人は、他人と距離を取ったり、自分と合わない人と縁を切ったりすることができない、という特徴があります。真面目だったり、根が優し過ぎるために「ブロックしたり、削除したりすると相手が傷つくかな、新たなトラブルの原因にならないかな」と気を遣ったり、不安になったりするのです。しかし、この**曖昧な態度はNG**です。とにかくトラブルの火種になりそうな相手とは距離を置く。縁を切る。これを徹底しましょう。

一番やってはいけないのは、相手に対抗心を燃やしてマウント合戦をしたり、SNS上

で言い争うことです。

これは不毛な戦いで、建設的な議論はおろか、トラブルの火種をますます大きくするだけです。しかもこの火種は、下手をするとどんどん他の人にも飛び火して、炎上することにもなりかねません。だからこそ、SNSでの人間関係は、リアルよりも慎重かつクールな対応が求められるのです。

マウント合戦というのは、それがどんな種類のものであれ、「自我の大きさの比べ合い」です。つまり、「自分の方がエゴが強いぞ」と周囲に見せつけているだけのことですから、この戦いに勝っても何も得はありません。それどころか、**むしろマウント合戦に勝つことは恥ずかしいこと、**と言っても過言ではありません。逆に言えば、負けても失うものは何もないのです。

「お金がある」とか、「肩書きがたくさんある」とか、「こういう所に住んでいる」とか、それに対抗心を燃やしても、何一ついいことはないし、他人の目には醜い争いとしか映りません。その戦いに乗ると必ず不毛な言い争いへとこじれていきます。繰り返しますが、他人とマウントを取り合っても何も残らないし、損なことばかりなのです。

確かに、現代は資本主義競争社会です。学業であれ、仕事であれ、競争を否定するつもりはありませんが、お金や成功だけが人間の価値ではありません。

趣味だったり、アートだったり、福祉活動だったり……物差しは人それぞれです。相手が振りかざしている物差しで劣っているからと言って、あなたの全存在が否定されるわけではないのです。

早い話が、マウントを取ってくる相手とは別の物差しで努力をしたり、自己実現をすればいいだけのことで、人間の生き方は様々だということです。

もしもマウントを取ってくる相手がいるとしたら、それは「お金」や「成功」といったひとつの物差しかこの世には存在しない、と思い込んでいる**非常に視野が狭い人**だということの証です。

そういう人への根本的な対処の仕方は、一つです。


付き合いそれ自体をやめればいいのです。


付き合ってもいいことは何一つありません。

マウントを取ったり、対抗心を相手に与えるような人は、他者を下に見たり、攻撃することで快楽を得ている人です。リアルでもネットでもこういう人と付き合うと、あなたは自分の引き立て役としか見なされないでしょう。

実は、マウントを取ろうとする人は、本当は、自分に自信がないからやっているのです。自分の中に足りない、満たされない部分を他人に対して優越感を持つことで埋めようとしている——だからいつも他人と比較して自分に価値があると思い込もうとしたり、ときにはやり合っていないと満たされない——つまり、**愛がない人**なのです。

こういう攻撃的な人と付き合うことそれ自体が人生の無駄であり、トラブルなのは言うまでもありません。

他人と比較しなくても自分自身で満ちたりている人であったら、マウントなどは取ろうとはしないでしょう。仮にマウントを取ってくる相手がいても、相手にせずに「そういう意見もありますね」「すごいですね」「参考にさせていただきます」と受け流すこともできます。

マウントを取ってくる相手に対抗心を燃やしてしまったら、黄色信号どころか赤信号。

まず自分の中の他者と比較する心を内観して、それがコンプレックスからくるものだと自覚しましょう。

相手の中に対抗心を認めたら、距離を置くか、縁を切りましょう。そうすれば、不毛なマウント合戦から脱出することができます。

◎まとめ……ＳＮＳにおけるマウント合戦の脱し方

①ＳＮＳで論戦を仕掛けられた場合

←

「そういう意見もありますね、ありがとうございます。参考にさせていただきます」で終わらせる。

②友人からマウントを取られた場合

←

「すごいですね」と相手を褒めて、受け流す。

③あまり親しくない人からSNSでマウントを取られた場合
↓
即ブロック。または友達リストから削除して縁を切る。

4 被害者意識を持つ人との関係は断絶する

「私って、こんなに辛い人生を送ってきたの」とまるで悲劇のヒロインのように自分のことばかり語る人に会ったことはないでしょうか？

気を付けましょう。

「悲劇のヒロインタイプ」の人は、間違いなく自己中心的な性格の持ち主です。

なぜなら、自分の過去に執着して、それに基づいてエゴを形作っているので、他のものがまったく見えないからです。

基本的に他人に興味がないので、その言動、行動のすべてが自己中心的になります。こういう人と深く付き合えば、トラブルになるのは確実です。そもそも、自分の不幸話ばかりする相手とは、誰も深く付き合いたいとも思わないでしょう。

被害者意識を持つ人は、何を話していてもすべて自分の中の過去の一点に引っ張られています。他人に興味がないので、相手の話に耳を傾ける姿勢はありません。つまり、自分の話しかしないのです。

一対一で話すときなどは大抵愚痴ですから、聞いている方もまったく面白くありません。仮に電話で話すことでもあったら、切るに切れないのも辛いところです。話を聞かないと「冷たい人」「人の苦しみがわかっていない」などと恨まれたりもします。**こんな人と付き合って、あなたは楽しいでしょうか？**

世の中には、こんな被害者意識を持った人や、不幸自慢をする人はたくさんいます。「私はこんなに苦労してきたから人生を深く知っている。あなたは知らないでしょ？」とマウントを取ってくるのです。

不幸自慢をする人の特徴は、いつも同じ話をすることです。一回ならまだしも、次も同じネタだと聞いている方もきつくなります。

不幸な体験をした人は、特別な人ではありません。それどころか、不幸を自慢する人は、自分のことしか見えていないので、自己中心的で、むしろ浅い人間なのです。

こういう人と付き合っていると、負のオーラに巻き込まれて、自分自身もそちらに引っ張られていきます。結果、様々なトラブルに巻き込まれることになるのです。

一方、苦労自慢をする人もいますが、こちらは不幸自慢とは少し人種が少し違います。苦労自慢は「自分はこれだけやって来た。君もやればできる」などの教訓も含まれているので、相手に対して何かを伝えたい為に、あえて苦労を話していることが多いからです。

「そんなことがあったんですか、すごいですね」などと明るい話に持っていきやすいので、トラブルめいた関係にはほとんどなりません。

会社の上司などの中には、お酒の席でいつも同じ苦労話をするタイプもいるので、うんざりする人もいるかもしれませんが、「自分のために言ってくれているんだな」と前向きに捉えて、適度に頷きながら聞き流すようにしましょう。

さて、仮に自分の中に被害者意識や、悲劇のヒロイン気質があるとしたら、その一点にこだわらないことが必要になってきます。なぜなら、過去の一点にこだわっていると自己中心的になるだけではなく、未来を見て生きることができなくなるからです。

それではどうすればいいかと言うと、**自分のあるがままの内面を見つめる**ことです。とりわけ、人間関係の中で自分の本質は浮かび上がります。誰かと話しているときに、「あっ、私また同じ話をしている」「不幸自慢のような話をして、相手から同情を得ようとしている」**「特別に見られようとしている」**と気づくことです。

そんなふうに自分のこだわりや、動機に気づくだけで、過去の執着から人は自由になっていくことができるのです。

あるがままの自分の姿に気づく——これが本当の内観です。

ところが、被害者意識があって苦しんでいる人は、それを克服するために様々なセミナーなどに出入りして、マインドフルネスなどの瞑想をしたりしても、**自分の本当の姿**を見ようとはしません。最近の講師も、「心を静かにさせるための瞑想」しか教える人がいないので、その場では心が静かになったり、くつろげても、日常生活に戻れば元の木阿弥で、また「不幸自慢をしている」のです。そこに「不幸な、特別な私」が居続ける限り、自己中心的な行動は変わりません。

だからこそ、**人間関係の中で姿を現した真実の自分の姿に気づく**しかないのですが、これは他人に強要することはできません。

仮に悲劇のヒロインタイプの人に、「あなたって不幸自慢ばかりしているよね」などと間違って直球を投げてしまったら、たいへんなことになります。狂乱し、恨まれ、攻撃の的にされるだけでしょう。

よほど近しい関係にある人でもない限り、「悲劇のヒロインタイプ」の人からは離れることをお勧めします。

◎まとめ……被害者意識を持つ人との付き合い方

①悲劇のヒロインタイプの話を聞く場合

←「それはたいへんでしたね」と適度に相づちを打ち、それからは一切付き合わない。

②不幸自慢がマウントを取ってきた場合

←まともに話を聞く必要もないので、その場を離れ、二度と付き合わない。

③自分の中に被害者意識がある場合

←人間関係の中で、「自分の過去のこと」ばかり話していないかを気づき、内観するように心がける。

5 負のオーラを持った人とは付き合わない

あなたの身の周りには、妙に馴れ馴れしく距離を縮めてきて、一緒に誰かの悪口を言うように仕向けたり、悪事に誘ったりするような「負のオーラ」を持っている人はいませんか？

こういう「負のオーラ」を持った人とは、プライベートでもビジネスでも絶対に付き合わないことです。

マイナスの方向に他人を引っ張っていき、仲間にしようとする人というのは、心の借金をしている人です。自分の心の中の足りないものを埋めようとして、常に誰かから心の栄養を奪い、補おうとして狙っているのが特徴です。

あるいは、周囲の人間を自分と同じ低くて暗いステージに連れて行き、同類を作って、「人間なんて、みんなこんなもんさ」と安心しようとします。**自分と同じマイナスのレベルに周囲の人を巻き込むことによって、心の中の罪悪感や、空虚感と言ったコンプレックスから解放されようとする**のです。

こういう人が近づいてきたら、**さりげなく距離を置いたのち、きっぱりと付き合いをやめるべき**です。

ところが、この負のオーラを持った人間は、一度、話に乗ってしまったり、優しくしたり、親しくし接してくれた相手にとことん執着する傾向があります。そうなってから相手から強引に離れようとしたり、否定したりすると恨まれ、面倒なトラブルになることがあるので注意が必要です。

とは言っても、負のオーラを持った人間は、本質的にメンタルが弱いので、面と向かってあなたを攻撃したり、否定したりはしません。むしろ裏で陰口を叩き、あなたを貶めようとするのです。

ビジネスでは、この手の人種とは決して組まないことです。会社でも上司や同僚にこういう相手がいたら、できる限り行動を共にしないことが賢明です。それが「お得意様」と言えるようなクライアントであったとしても、長い目で見ればトラブルを招く損な相手になることは間違いありません。

一方、心が満たされているプラスのオーラを持った人と付き合うことは、あなたの人生を良い方向へ導きます。なぜなら彼らは奪う者ではなく、与える者だからです。しかも、意識的に与えなくとも、**プラスのエネルギーが自分の中から溢れ出るようにして、自ずと周囲に与えているの**です。こういう人と付き合っていると、自分自身、人から求めたり、奪ったりするのではなく、プラスのエネルギーを与えられる人間になっていきます。

私自身、良き師と出会い、公私にわたって様々なことを学ぶようになってから、「前とは人が変わったようだね」とよく言われるようになりました。

けれども、人の本質は変わらないと思います。持って生まれたものは変わらないのです。

それでは何が変わるかと言うと、**元々持っていて、気づけなかった「良い自分」が、良い人々の影響によって開花するように姿を現すのです。これが良い人と付き合う最大の効果です。**

人は、社会の中で様々な役割や仮面《ペルソナ》を付けています。家庭の顔、友人と一緒にいるときの顔、会社での顔……また、心が穏やかなときの顔や、苛々しているときの顔もあるでしょう。

映画で言えば、様々なキャストが自分の中にいるわけです。今、メインになっている人格が主役であり、家族といるときは準主役で、営業の仕事で頭を下げている自分は脇役かもしれません。満員電車に揺られて我慢しているときは、エキストラになっているかもしれません。要は、シチュエーションによって別の役を使い分けているわけです。

けれども、**良い波長の人と付き合い、良い自分が出て来ると、主役の座を奪うようになります。**これは本来持っていて、自分自身でも気づかない場所に隠されていた良いものが、外からの刺激によって姿を現したためです。

自分を良い方向へ導いてくれる人と付き合うように心がけ、マイナスの波長を持った人から遠ざかることで、人生はトラブルの場から成長の場になり、さらには人に何かを与えるステージにもなっていきます。

マイナスのオーラを持った人からは遠ざかり、プラスのオーラを持った人と付き合うように心がけましょう。

◎まとめ……負のオーラを持った人との付き合い方

①知人に負のオーラを持った人がいた場合

←

極力近づかない。話しかけられても相手の意見に同意せず、距離を置く。

②ビジネスの相手に負のオーラを持った人がいた場合

←

初対面なら、二度と会わないようにする。同僚なら極力一緒に行動をしない。お客さんでも長く付き合わない。

③負のオーラを持った人から執着された場合

↓

極力、波風を立たすことなく距離を置き、縁を切るように全力で努める。

6 陰謀論にはまった人からは、黙って離れる

今、ネットで最も危険なトラブルの代表例と言えば、陰謀論です。陰謀論は、スマホから忍び寄ります。確かに、スマホはたいへん便利なものです。しかし、一人でスマホとだけ向き合っていると、偏向した情報ばかりを摂取しがちです。自分好みの偏向した情報ばかりをクリックするので、なおさらです。ネットには無数の情報があると言われていますが、それを選択するのは一人の人間の趣向であり、趣味です。結果的に、

自分で自分を洗脳してしまい、知らずしらず極端な思想や、陰謀論に染まってしまう——

今、そんな危険に誰もがさらされているのです。

ＳＮＳなど、ネット上の付き合いだけの人が陰謀論で洗脳しようとしてきたり、勧誘してきたりする場合は、ブロックしてしまえば済む話です。少しでも**「やばい」**と感じたら、極力関わらないことです。

反論しようなどとして、相手の情報を必要以上に見たり、調べたり、ましてや論争など絶対にしたりしてはいけません。下手をするとミイラ取りがミイラになりかねないからです。

「自分だけは大丈夫」などと洗脳をあなどってはいけません。

それだけ、人間の脳というのは、自分で思っているよりもはるかに外部からの情報に染まりやすいものなのです。実は、私たちの精神は外部からの情報、影響によって成り立っているのですが、そのことに多くの人は気づいていません（イスラム教徒の家に生まれた人がイスラム教徒になるように、日本人は日本という国の一般常識に条件づけられて生きています）。

新興宗教の幹部と言われる人たちにエリートが多いのは、**「やばい」**という動物的本能や、直感ではなく、その教義と真面目に向き合い、理屈で考えてしまうために逆に洗脳されてしまうのです。

「筋が通っている」「この世界の説明ができている」「この通りに生きれば幸せになれる」「世界を救うことができる」などと頭で考えて、この世界のすべてを一つの教義や、陰謀論で説明できる、と思い込んでしまうわけです。

本来、**この世界は一つの理屈などで説明できるような単純なものではありません。**何が正しく、何が間違っているか、というのもケースバイケースでしょう。

しかし、混沌として、生きづらい世の中だからこそ、人はわかりやすいものに飛びついて、手っ取り早く心の安心を得ようとするのです。

とは言え、今まで親しくしていた友人や、高齢の両親があるとき、「世界はロスチャイルド家に支配されている」とか、「闇の政府に対抗するため、光の戦士にならなくてはならない」などと、明らかに陰謀論に洗脳された言葉を口にし出したら、ぎょっとして、困惑することでしょう。当然、ＳＮＳだけの関係の人と違って、放っておくこともできない、と考えるかもしれません。

それでは、まず友人が陰謀論にはまってしまった場合はどうすればいいかと言えば、正直、**さりげなく距離を置く**ことをお勧めします。

親しい間柄だったからこそ、**何とか洗脳を解こうとしたり、話し合ったりするのが一番危険**だからです。私の場合、陰謀論も程度によりますが、人柄が良い相手でも、やはり自然と距離を置くようになります。

しかし、**洗脳されてしまったのが家族の場合**なら、もう少し踏み込んだ対応が必要になります。それが親であれ、夫婦であれ、子どもであれ、一緒に暮らしているわけですから、心配にもなりますし、どうにかして目覚めさせてやりたい、という気持ちにもなることでしょう。それが未成年の子どもの場合なら、なおさらです。陰謀論を相対化するような記事や、人間の安心を求める心理のからくりについて、根気強く話して聞かせる必要が出てきます。

夫婦や兄弟、親の場合も当然、同じようなアプローチが必要になります。ところが、洗脳がややこしいのは、反対されたり、バカにされたり、反論されればされるほど自説にこだわり、頑固になってしまうケースが多いことです。

そういう場合は――冷淡に聞こえるかもしれませんが――、**家族とは言え、距離を置く**ことです。あるいは、その話はあえて一切しない、無視する、といった対処法がベターです。

度が過ぎてしまった場合は専門家に相談するか、家を出て行く、という選択肢も厭わないことです。

最悪、こじれた場合は家族の縁を切るところまでいく必要があると思います。なぜなら、**家族よりも、自分の人生の方が大事だからです。**宗教の二世の問題なども同じですが、最終的には、家族よりも自分の人生を大事にする道を選びましょう。

今、普通に暮らしていても、トラブルの落とし穴はどこにでも開いています。とりわけ、ネットの中には危険がいっぱいです。極力、落とし穴に落ちないように気をつけて歩きながら、穴の底から自分の足を引っ張ろうとする相手には関わらず、穴の中に入ってまで救おうとはしないこと――それがリスク回避の大前提です。

陰謀論は、見ない、聞かない、関わらない――これを徹底しましょう。

◎まとめ……陰謀論に洗脳された相手への対処法

①あまり親しくない人が陰謀論に洗脳されてしまった場合

←距離を置く。縁を切る。ＳＮＳならブロックする。

②友人が陰謀論に洗脳されてしまった場合

←距離を置く。しつこい場合は、縁を切る。

③家族が陰謀論に洗脳されてしまった場合

←相対化する情報を与え、洗脳を解く。未成年の子どもの場合を除き、その方法でだめなら相手の話には一切乗らない。それでもだめな場合は家を出る。最悪、家族の縁を切る覚悟も必要。

第3章

カガノ流トラブル回避術「環境編」

——自分がくつろげる場所を確保する

1 賃料だけで住まい（地域）を決めず、周りの環境を大事にする

トラブルに巻き込まれないための第一条件は、**トラブルが多い場所に自分の身を置かないことです。**

治安が悪い場所に住むということは　危険な場所へ自ら飛び込んで行くことと同じです。外国に比べれば日本はどこでも治安が良いのは間違いありませんが、やはり繁華街などに近い場所に住めば、トラブルに遭うリスクは上がります。

人間関係のトラブルからは、相手から距離を置いたり、縁を切ることが最善であることは、前章で語りました。しかし、トラブルが多い地域に定住にしてしまうと、その影響からなかなか逃れることができません。ある意味では、**自分自身でいつもトラブルゾーンに帰っているの**だから、当然です。

「日本は安全だし、どこに住んでいたって、そうそうトラブルなんて遭わないでしょ？」などと甘く見ている方も多いでしょう。

しかし、実は、その地域でトラブルに遭うリスク以上に、治安が悪い地域に住むことには、大きな危険が潜んでいるのです。

それは、**場の雰囲気に影響されること**です。

人は、自分で思っているよりもはるかに環境に左右される生き物です。家庭環境、学校や職場環境はもちろんですが、まずは住んでいる環境に影響を受けています。

繁華街等のトラブルゾーンが自分の住んでいる居場所になると、知らず知らずその地域の波長を浴びて、自分自身もその環境に馴染んだ人間になっていきます。考え方や言葉遣い、態度など……住んでいる場所は、無意識の内に人に影響を与えます。

結果的に、その地域でトラブルに遭うことはなくとも、トラブルを起こしたり、招きやすいトラブル体質の人間になってしまう――実は、これがトラブルゾーンに住むことの一番のリスクなのです。

地域の環境に一番影響を受けやすいのは、子どもです。

その地域の人の言葉遣いや態度を真似て、それが**「格好いい」**と思って育っていくので、いつの間にか環境に染まった人間になっていきます。

思春期であれば、「格好良い先輩」とか「仲間」とか言った同世代の関係が、親や学校よりも大きな影響を持つことになります。私の経験上からも、俗に言う「悪い仲間」に誘われて、「悪い遊び」をする誘惑に子どもはなかなか勝つことはできません。

ファミリー層が住む地域であれば、一戸建てのみならず、マンションやアパートも部屋数が多いので、同じ属性の人たちが集まって来ます。子どものための公園や、塾なども多く、問題意識を共有できる相手も多いので、トラブル回避の確率は上がっていきます。ですから、ファミリー層こそは家賃や、会社からの距離ではなく、地域で住む場所を決めるべきなのです。

また、同じ地域でも線路一本を挟んで「こちら側」と「向こう側」では街の色が全然違ったりすることがあります。

たとえば、私の住まいは周辺に裁判所や税務署、各行政機関等がある官庁街で、当然、治安は良いのですが、線路の向こう側の歓楽街に一歩踏み込むと、外国人も多く、まるで歌舞伎町のような物騒な雰囲気が漂っています。同じ地域でも、線路一本、道一本隔ててがらりと街並の色や雰囲気や違うことがあるのです。

だからこそ、住む前に建物や、地域にどんな店舗や、公共施設があるか、ということだけでなく、実際に下調べをするように現地を歩いて、街並みや雰囲気を調べることが、家を買ったり、転居したりするときに必須な事前作業になってくるのです。

まずは住んでいる場所の環境が整わなければ、メンタルも整いません。また、仮にメンタルが整っていても、住んでいる場所の治安が悪ければ、トラブルに遭う確率も高くなります。

つまり、**自分がどこに住むか、という選択は、余計なトラブルに巻き込まれない人生を送る上での基礎となり、土台となる**わけです。

これから家を買う人や、転居しようとしている人は、家賃ではなく、自分のライフスタイルに適した地域の住まいを選びましょう。

◎まとめ……トラブルを回避する住まいの選び方

①一人暮らしの場合

←

家賃と利便性を踏まえつつ、繁華街の近くは避ける。

②家族で暮らす場合（子どもなし）
↓
家賃と利便性を踏まえつつ、極力繁華街の近くは避ける。

③家族で暮らす場合（子どもあり）
↓
繁華街等の近くは論外。子どもの教育に適した環境重視で選ぶ。

2 お酒を飲むときは値段ではなく、お店の雰囲気で選ぶ

お酒を飲みに行く場合、「トラブルを避ける」という観点だけで見ると、基本的に、**客層が悪いチェーン店のような大衆居酒屋はお勧めできません。**

高級なお店に行けば大抵雰囲気はいいのですが、懐具合もあるでしょう。だからこそお酒を飲む店は、値段ではなく、雰囲気で選ぶべきなのです。場末にあるような大衆居酒屋であっても、本当に料理が美味かったり、店主の人柄が良かったり、客層が良かったり、自分の肌に合う雰囲気を持っている場合もあります。

私が行きつけの定食居酒屋は、住まいから歩いて3分ほどの場所にある数席のカウンターとテーブル1つだけの古びた、小さなお店です。それでも料理は美味しいし、メニューにないものでも「マスター、こんなの作れる？」と頼めば作ってくれるような親しみやすさがあります。決して高級食材を使っている訳でもなければ、高級な料理が出てくるわけでもなく、定食屋のようなメニューばかりなのです。お酒も高いものを出しているわけではなく、お値段も手ごろです。普通なら、がさつな人や、大声を出す人もいるようなお店かもしれません。

ところが、そこの常連さんは——高齢の方々が多いのですが——、不思議なことに、素晴らしく品がある人ばかりなのです。

マスターに「あの人どこかで見たことあるけど」と聞くと「あの人はどこそこの会長さ

んだよ」「あのおばあちゃんは？」「あれはどこそこの社長さんの奥さん」と意外な大物が集っている――まさに知る人ぞ知る何十年も前からあるお店なのです。当然、変な人はやって来ませんし、みなさん、大人の飲み方をする上品な方ばかりです。つまり、長年お店をやっていることで、マスターの人柄や、店の波長に合っているお客さんが自然に寄り集うようになり、「良い雰囲気」がしっかりと醸成されているのです。

このお店は、食べログの評価はそれほど高くありません。一見さんからすると、昼間はごく普通の定食屋で、夜はこじんまりした普通の飲み屋だと感じるせいでしょう。それで、紹介や口コミで常連客がメインになっているのですが、店の外観や、ネットの評価では目立たないこともあって、うるさい人や、大声を出すようなお客さんはまずやって来ないし、仮にやって来ても雰囲気と波長が合わないので、居着くことができないのです。つまり、**食べログなどのネットで評価されないからこそ、逆に良い雰囲気の常連さんが集い、くつろげる場所になっている**のです。

私は、信頼できる人の紹介でこの店を知りました。その人もある会社の会長さんなのですが、とても穏やかな、優しい性格の持ち主で絶対的な信頼を置いている方です。これは当たり前のことなのですが、雑多な人に紹介された店は大抵雑多な店です。騒がしい人が紹介した店は騒がしい店、お金持ちから紹介されるような高級な店は大抵、雰囲気は良いのですが、中には、成金が好きそうな派手な外装や内装の店もあります。人は、自分の波長や雰囲気に合った店を好み、そこに似たような人たちが集うのです。

居酒屋は、非日常の場でリラックスしたいとか、仕事の疲れを癒したいとか、解放されたい、といった理由で行く**非日常的な場所**です。だからこそ、自分がリラックスできる、楽しい場でないと意味がありません。トラブルを楽しむなんてもってのほかです。

お酒を飲むときは、価格やネットの評価ではなく、信頼できる人からの紹介か、自分の足で探し、自分の波長に合う、落ち着ける雰囲気の店を見つけましょう。そうすれば、お酒のトラブルから解放され、非日常の空間を楽しむことができます。

◎まとめ……お酒のトラブルを回避する店の選び方

①自分で探す場合

←

できるだけチェーン店の大衆居酒屋は避ける。食べログなどのネットの情報に頼らず、自分にとって雰囲気や居心地のいい店を自分の足で探し、お気に入りを確保する。

②人から紹介されたり、連れて行ってもらう場合

←人間性が信頼できる人から紹介してもらう。これが絶対オススメ。価格やお酒、料理の内容関わらず、自分に合わない店だと思ったら、次からは行かない。

3 お酒の場では、愚痴ばかり言うような飲み方をしない

昔、日本のビジネスマンの定番のコミュニケーションと言えば、「**飲みニケーション**」でした。上司や、取引先の相手に対してお酒の場を設けることで親交を深めたり、接待する、という伝統があったのです。

けれども、今は「飲みにケーション」は流行らなくなりました。特に若者の間ではそれが顕著です。とりわけZ世代の多くは、「会社で飲み会に行くのだったら、家でゲームをしていたい」といった、個人主義的な価値観の持ち主が多いようです。私の感覚からしても、最近、ビジネスで成功している人は、お酒を飲まない人が増えているように感じます。アメリカなどはもっとドライで、「できるビジネスマンはお酒は飲まないし、タバコは吸わないし、ダイエットし、健康に気をつけている人」という風潮があります。

とは言え、日本ではまだ仕事が終わるとストレス発散のためにお酒を飲みに行くサラリーマンが多いのは事実です。日頃のうっぷんを晴らすために飲みに行って、愚痴を言い合う、という習慣がまだまだあるわけです。当然、人の悪口を言っているわけですから、ネガティブな波長を発しています。アルコールも入り、気が大きくなっていれば、お酒の場でトラブルに巻き込まれやすくなるのは当然です。

もちろん、たまにはガス抜きをすることも必要かもしれません。自分の中に毒を溜めておくとストレスが溜まるので、誰かに言いたくなるのはわかります。仲間内でも、10回に1回くらいなら愚痴を言い合うのもありでしょう。ただし、陰湿な愚痴を延々と口にしたり、聞かされていると、お酒もご飯も不味くなってしまいます。

一番危険なのは、**愚痴が癖になると日頃からネガティブな波長を発する人間になってしまう**、ということです。実は、お酒の場でのトラブルよりも、こちらの方が将来的には大きなトラブルの因子になっているのです。

愚痴にも**「陰の愚痴」**と**「陽の愚痴」**があります。

それを肴に笑いながら話すような「陽の愚痴」や、そこから前向きになる話だったらまだ良いのです。

たとえば、若い社員が「僕はこういう提案をしても、部長は全然受け入れてくれないんです」と先輩に愚痴を言ったとします。それに対して「それは良い提案じゃないか。よし、俺も一緒に部長にかけあってやる」と言うのは愚痴から始まって話が前向きになっているので、「陽の愚痴」です。

ところが、人の陰口ばかり言っているような「陰の愚痴」は——たいがいがそんなものかもしれませんが——、いずれは大きなトラブルを招き寄せることになります。

「あの部長、ろくでもないよな」「あんな人は無視しよう」「みんなであんな会社辞めてやろう」といったマイナスな陰口がそれです。

実際、会社に行って行動に移さなくとも、無意識に刻み込まれているので、いずれ人間関係のトラブルが顕在化することは必然です。

愚痴ばかり言う人は大抵、お酒を飲むとしつこくなります。

誰も誘いたくなくなるし、実際、似たような人からしか誘われなくなります。

結果的に、ネガティブな愚痴合戦になり、新たなトラブルの種を育てている場になっているのです。

飲み会も、過去を向いたまま飲むか、未来を向いて飲むか、で決まります。

過去を向いている人ほどトラブルに巻き込まれやすいのは、第1章で述べた通りです。

未来を向いて、楽しい話をするためにお酒を飲めば、アルコールは人と人との関係を滑らかにする潤滑油になります。人間関係が深まったり、人脈が広がったり、新しい仕事の話が出てきたり……

未来を向いている人は、お酒の場も前向きで、建設的なものになります。愚痴はほどほどにして、未来のビジョンを語る楽しいお酒の場にしましょう。

◎まとめ……ビジネスマンのお酒の飲み方

①愚痴ばかり言う人と飲みに行く場合

←

極力誘いに乗らない。愚痴にもできるだけ付き合わない。

②たまに愚痴を言う人と飲みに行く場合

←

陰気な愚痴の話には乗らず、陽気で、前向きな愚痴に話題を切り替える。

③明るい人や、知らない人と飲みに行く場合

←

できるだけ未来を向いた、前向きなビジョンを共有し、盛り上がる。

4 ビジネスホテルは「寝るだけの場所」と割り切る

ホテルに当たり外れがあるのは、みなさん経験があると思います。

それが高級なホテルでも、チェーン展開しているビジネスホテルでも、同じです。ビジネスでも、旅行でも、ひどい接客のホテルマンに迎えられると、その滞在期間が台無しになった気分になるものです。ホテル側とトラブルになっていると当然、外に出てからも心が乱れているので、ビジネスが上手くいかなかったり、旅行が楽しめなかったり、旅先で様々なトラブルに遭いやすくなったりします。

私がスイスに旅行したときの話です。

私たちはリゾートを満喫しようとして、チューリッヒ空港に隣接している某高級ホテルのスイートに宿泊していました。ところが、せっかく高級なホテルに泊まったのに、空調が効かないのです。

スイスはとても寒い国です。しかし、その部屋だけエアコンもセントラルヒーティングもほとんど効かず、室温が20度以上に上がりません。部屋も広かったので、夜になると余計に寒いのです。

もちろん、フロントにクレームを入れました。ところが、「やるやる」と言うだけで、どういうわけか、何もやってくれません。何度伝えても曖昧な対応でごまかされて、何もしてくれないのです。結局、その晩は高いお金を払って、震えながら寝ることになりました（のちに、これはホテルの側の問題というよりも、スイスという国の国民性だと知りました。知人の娘さんがスイス人と結婚しているのですが、その人は「スイス人は日本人みたいに働きませんよ」と言うのです）。

もちろん、そのままにしているわけにもいかなかったので、たまらず日本のカスタマーセンターに電話したところ、丁寧に謝罪され、すぐに部屋をチェンジしてくれた上に、数十万円分の宿泊ポイントまでもらえました。

海外のホテルでトラブルがあった場合は絶対に遠慮せずに、自分の主張をはっきりと伝えることが大切です。日本人の感覚で遠慮したり、我慢してしまうと、ホテル側は何もしてくれません。泣き寝入りするだけです。

ビジネスホテルなら、相性がいい、安心できるチェーン展開しているホテルを選べば充分だと思います。最低限の社員教育ができていれば、それほど大きなトラブルになることはありませんし、不愉快になることもないでしょう。

逆に言えば、有名なビジネスホテルでトラブルに遭った場合、それはよほどそのホテルの**社員教育ができていない**、ということの証明ですから、同じチェーン展開しているホテルには泊まらない方が無難です。私自身、よく街中で見かける某系列のビジネスホテルでひどい対応をされて以来、二度とその系列は使わなくなった経験があります。

その相手は夜間専用のスタッフさんで、愛想がまったくなく、私が「こんばんは」と挨拶しても一切無視です。こんなスタッフさんもいるんだな、くらいに思っていました。滅多に顔を合わすこともなかったのであまり気にしてませんでした。チェックインして部屋に入ると清掃が一切しておらず、新しいタオルすら用意されていませんでした。これはひどい、と思い、フロントに電話をかけ事情を説明すると、「今日は満室で部屋も変えられないしタオルもない」という信じられない対応でした。揉めるのも面倒なので「他のホテルを探すからキャンセルする」と申し出たところ、それもできないとまくしたてるように言われました。「部屋に入ったんだからお金は払え」と言うのです。

私はこれ以上は時間の無駄だし、負のエネルギーがバンバン飛んでくるので直ぐにホテルから出ようと思いましたが、「金を払え」の一点張りです。私が困り果てていると、こともあろうにそのスタッフさんは、110番通報をしたのです。するとパトカー2台、自転車のお巡りさんが2人、計6人の警察官が押し寄せて来ました。

事情を説明すると警察官も理解してくれて、私はその場から解放されたのですが、警察沙汰に驚いた他の宿泊客も「あのスタッフさんは、いつもあんな感じなんだよ」と教えてくれました。

こんなふうに、ふだんトラブル回避を提唱している私でもトラブルに巻き込まれることはあります。大事なのは、その後の行動です。ちなみに後日、ホテルの本部からも電話をいただきましたが、対応があまりにもひどく、教育がまったく行き届いていないようだったので直ぐに電話を切りました。

もちろん、居酒屋やカフェと同じように、同じチェーン店でも場所によって雰囲気や接客はがらりと変わります。出張などで同じ場所に行くなら、お気に入りのホテルを一つ確保しておけば間違いないでしょう。

「ビジネスホテルは寝るだけの部屋」と割り切っておけば、お気に入りのホテルを見つけることはさして難しくありません。

安心して寝る場所を確保できれば、トラブルに巻き込まれることも、苛々することもなく、ビジネスに専念できます。

◎まとめ……ホテルの選び方&トラブルへの対処法

①旅行などでホテルに泊まった場合

←トラブルに遭ったときは納得のいくまで改善を求め、「部屋を変えてもらう」等の主張を譲らない。

②ビジネスでホテルに泊まった場合

←トラブルに遭ったときは「部屋を変えてもらう」等、納得のいくまで改善を求めて主張し、それが通らなければホテルを変える。

③同じ場所に何度も出張する場合

↓

「ビジネスホテルは寝るだけの場所」という認識を元に、最低限の接客が保証された、お気に入りのホテルを一つ確保しておく。

5 プライベートスペースを確保する

家にいても、外にいても、どこにいても何となく気が休まらない……あなたはそんなふうに感じたことはないでしょうか？

それは**「人疲れ」**が原因かもしれません。精神的にも、物理的にも、私たちの周りには人が多過ぎるのです。

あなたが首都圏に住んでいて通勤、通学していれば、毎日、満員電車に乗らなくてはなりませんし、職場では上司や同僚がいつも側にいて、親しくもないのに顔を近づけて怒鳴ってきたり、愚痴を言ってきたりするかもしれません。居酒屋に行けばどこまでも混んでいますし、休日に映画や、美術館や、ディズニーランドに行ったところで、どこも混雑していることでしょう。

田舎なら田舎なりに、都会にはない濃厚な近所づきあい、というものもあるかもしれません。にもかかわらず、多くの人が朝から晩までSNSをやっている――結果的に、**私たち現代人は一人になって自分の心を見つめたり、情報を整理したり、落ち着いたりする心のスペースを持つことができていない**のです。

仮に部屋に閉じこもっていても、ついついスマホを覗いてSNSをやってしまい、「ラインが既読になったかな」とか、「無視されている」とか、「いいねがつかない」とかばかり気にしていたら、心から休まる場所があるはずもありません。それでいつも微妙なストレスを感じていて、積もり過ぎると苛々するようになったり、切れたり、鬱になったり、様々なトラブルを招いている――

心に余裕を持つためには、社会からも家族からも自由になって、一人になることのできる場所を確保することが大切です。社会的役割から自由になって、ペルソナを捨て、リラックスした、あるがままの自分自身に戻れる場所を作りましょう。

「人疲れ」を感じた方は、両手を広げたスペースに人を入れない、自分のプライベートスペースを一つ確保することをお勧めします。

金銭的に負担をかけたくない、と言うのなら、ネットカフェや、コワーキングスペースのような、小さな空間でもいいのです。

家族と一緒に住んでいる場合は、自分の部屋があったとしても――たとえそれが良いものであっても悪いものであっても――人間関係の中にいるのには変わりないので、どこかで気が休まらない人もいるかもしれません。その場合は、休日に一人で公園を散歩したり、映画を観に行ったり、カフェに行くなどして、一人になる時間と空間を確保しましょう。週に一回でも、一人になることができる時間を持つ――それだけで心の落ち着きがまったく違ってきます。

あなたが一人暮らしをしているなら、一旦、自分の部屋でスマホの電源を落として過ごしてみましょう。1時間でも、2時間でもかまいません。ネットのニュースや（これも今の人間にまつわる情報です）、ＳＮＳの情報を断ち切って、人間関係のしがらみから自由になる時間を作るのです。

最初は刺激がなくて、退屈を感じるかもしれません。しかし、そこから何をするのも自由です。瞑想をやってもいいし、読書をしてもいいし、何か心が落ち着けるような動画を観るのもいいでしょう。そうやって自分の周囲から他者の気配や、雑多な世の中の情報を遠ざけることで、ストレスが自分の中から抜けていくのを感じられるはずです。


プライベートスペースで一人になり、リラックスしていると、自分の心にもスペースが生まれてきます。すると日常生活で乱れた思考と感情が静まっていき、整理されて、余分なものを落とし、捨てることもできます。

一人になって、心の断捨離をする時間と空間を作る――そうすることで、対人関係においても苛立ったり、葛藤を覚えたりする機会が減って、トラブルがなくなっていくのを実感することができるでしょう。

◎まとめ……「人疲れ」から解放される方法

①毎日、満員電車に乗ってストレスを感じていたり、何となく「人疲れ」をしている場合

←ネットカフェや、コワーキングスペースに行って、意識的に一人になる時間を作る。

②家庭や、会社など、密接な人間関係に疲れた場合

←休日に一人で公園を散歩したり、カフェに行ったりして、一人になる時間を作る。

③SNSなどの人間関係に疲れた場合

←スマホの電源を一旦切って、瞑想をしたり、読書をしたり、散歩したり、自分の心と静かに向き合う時間を意図的に作る。

6 香水はほどほどに

私は昔、香水に凝っていました。**「良い香りを発している自分が格好良い、お洒落だ」**と思っていたからです。

ところが、普段から香水を付けていると香りに慣れて、自分ではどれくらいの匂いになっているのか、わからなくなっていきます。自覚がないので、「もっとたくさん付けた方がいいかな」と量を増やしたり、強いものを付けるようになります。結果的に、自分では多く付けていないつもりでも、周囲からはすごく強い匂いを発しているように感じられるようになっていくのです。良い香りを身にまとっているつもりが、周囲に不快感を与えてしまっているとしたら、本末転倒です。

強い香水を付けて周囲にアピールするのは、サイレントな自己主張です。それは結局、いつも大声を出しているのと同じ状態です。付け過ぎた香水は、常に自己アピールを大声でしているようなものですから、周囲の人は不快でしかないのは当然です。

つまり香水は、自分一人で楽しんでいるつもりが、付けすぎたり、香りが強すぎたりするものを選ぶと、その場の空気全体に大きな影響を与え、環境を変化させてしまう、毒にも薬にもなる強烈なアイテムなのです。せっかく、良い香りを自分に付け、周囲の人にも良い香りを楽しんでもらおう、として付けているわけですから、付ける場合は親しい人に感想をもらうなどして、細心の注意を払いましょう。

外国では体臭を消すために強い香水を付けている人も多いのですが、日本では付け過ぎるとまさに「鼻に付く」ことになってしまいます。

ところが、日本人は相手が香水を付け過ぎていても、なかなか注意しません。本音を言って波風を立てたくない、ことなかれ主義の人種ということもありますが、「相手が良いと思っているのに注意しては失礼だ」と思うので、みな、我慢してしまうのです。私もまた、中々指摘してくれる人がいませんでした。昔は、キャラクター的にも強面だったところがあるので、みなさん、なおさら指摘しづらかったのでしょう。

2年ほど前、私に「香水、付けすぎだよ」と注意してくれたのは、メンターのF先生でした。それではじめて、客観的に「自分がどれだけ周囲に自己主張し過ぎていたか」に気づいたのです。

自分が香水の付け過ぎに気をつけるようになってから、逆に他の人の香水の香りに敏感になりました。男性、女性かかわらず、香水を付けすぎている人がいると、その部屋がその香水の香りで一杯になるのがわかります。レストランなら、料理の香りをも台無しにしてしまうのです。だから寿司屋などでは、香水が禁止されている所もあるのです。

私の知り合いに、「香水の付け過ぎでデートに失敗した」という女性がいます。いいな、と思っている人に食事に誘われたので、気合いを入れて香水を多く付けていったところ、レストランがその香りで一杯になってしまったらしいのです。結果、世間知らずな人と思われ、破局してしまったということです。

香水は自己主張の一つ。本人が気づかないうちに自己主張が強くなり、周囲を不快にさせたり、トラブルを招いたりもします。周囲の意見を聞きながら、ほどほどに付けて楽しみましょう。

◎まとめ……香水の付け方

①香水の選び方

←

あまり香りの強くないものや、場所に合ったものを選ぶ。

②自分で香水の香りが感じられなくなった場合

←

信頼できる知人に、付けすぎていないかチェックしてもらう。

③友人・知人の香水の香りが気になった場合

←

「付けすぎているかもよ」と注意してあげる。

第４章

カガノ流トラブル回避術「言葉編」

――「言葉」でわかる、付き合ってはいけない人

1 言葉被せが3回続いたら、今すぐその場を立ち去る

誰かと会話しているときに、あなたの話のターンがまだ終わっていないのに、「いや、そうじゃなくてさ」「つまりさ」「わかるわかる」などと、どんどん言葉を被せてくる人に会ったことはありませんか？

言葉被せをしてくる人と付き合っていると必ず不愉快な関係になるか、トラブルに巻き込まれます。なぜなら、その人はあなたの話に聞く耳を持たず、ただ自分の意見を主張したいだけの人間だからです。

自己主張だけをする人と会話をするのは、会話でも議論でもありません。つまり、相手はあなたのことを対等な人間として認めていないのだから、付き合う必要がない相手とも言えます。

ビジネスの相手なら建設的な議論にならないし、プライベートなら、こういう人と会話をしていてあなたは楽しいでしょうか？

会話とは、言葉のキャッチボールです。思ったことを言葉にして投げ合い、お互いの理解を深めたり、親しくなったり、より建設的な何かを生み出していこうとするお互いにプラスになる行為です。

けれども、言葉被せが癖になっている人は、相手の球を受け取らず、自分一人で好きな玉を一方的に投げ続けているだけです。こういう人と付き合っていると、仕事でもプライベートでも自分が抑圧されたように感じ、ストレスになります。もちろん、ストレスフルな人間関係は、トラブルへと発展していくのです。

もしもあまり親しくない相手と会話をしていたり、複数で議論していた場合、**自分が話しているときに相手からの言葉被せが3回続いたら、即、その場を立ち去ること**をお勧めします。そんな場にいても、時間の無駄だからです。

日頃、自分も言葉被せをしていないか、客観的にチェックしてみましょう。意外と、夢中になって相手の言葉を遮っていることがあるものです。それでトラブルを自ら招いている場合もあるかもしれません。

今は、大人の間でも子どもの間でも、**「論破」**というのが流行っているそうです。これは正しいか正しくないかではなく、相手に自分の理屈で勝つのが格好良い、という**低レベルな対人関係の態度**です。

最後まで相手の話を聞いて、それに対して答えていくのが会話です。相手の話の本質を捉えた上で、自分の中に生まれた言葉を返してゆく――そのキャッチボールを行わない会話は、コミュニケーションではなく、自説にこだわって論争の勝ち負けを楽しんでいるだけのゲームに過ぎません。

『朝まで生テレビ』などは、この「論破」合戦そのものです。偉い学者さんや、立派な肩書きのある先生が小難しいことを言い合っていますが、あれは言い争っているだけでコミュニケーションではありません。相手の意見を踏まえた建設的な議論ではなく、自分の意見を押し通して、勝利するという「論破」を目指しているだけなのです。

トラブルばかり起こしている人の特徴は　人の意見を聞かないことです。それが正しい助言であっても耳を貸さないのですから、トラブルに遭って当たり前です。

人の意見に耳を傾けて、それを踏まえて自分の言葉を返す――学び合い、高め合っていける人たちとだけ付き合っていくように心がけましょう。そうすれば自然と人と会って話すことが楽しくなり、不毛な人間関係のトラブルは減っていきます。

◎まとめ……こちらの話を聞かない相手への対処法

①あまり親しくない人が言葉被せをしてきた場合

↓

3回続いたら、すぐにその場を立ち去る。

②ビジネスの相手や、友人から言葉被せを続けられた場合

↓

その場で自分の意見を押し通すことなく、相手と少しずつ距離を置く。

③あまり親しくない人からSNSなどで一方的に自説を押しつけられた場合

↓

ブロック。または友達リストから削除して縁を切る。

2

まくしたてるような口調の相手とは距離を置く

巻き舌で、まくしたてるように一気に話しかけてくる人を前にして、あなたは困惑した経験はないでしょうか?

自分のことばかりまくしたてるようにして話し、こちらの言葉を挟む暇も与えずに自己主張をしてくる——そんな人間は、間違いなくトラブルメーカーです。近づいて来たら、すみやかに距離を置きましょう。

この手のタイプは営業マンなど多いのですが、言葉遣いは丁寧でも、自分の主張だけを一方的にまくしたててきます。

「いかにうちの商品はすごいか」
「あなたがどれだけ得をするか」
「私たちと付き合うとどれだけメリットがあるか」

というふうに押してくるので、こちらは質問する暇もありません。

それで押しに負けて商品を買ってしまったところで、あとで「聞いていた話と違う」となったり、「そういう意味だったとは思わなかった」等、結果として「言った、言わない」のトラブルになるのです。


また、まくしたてるように話す人は、こちらが何か話してもほとんど聞いていないか、仮に聞いていても、自分が聞きたいようにしか聞いていません。だから会話にならず、二人きりで長いこと話していても、ほとんど意思の疎通ができません。それでトラブルが起きたときも、自分だけ一方的に話して押し切って、相手に要求を飲ませるようなことを普通にしてきます。

高齢者に対する詐欺などは、大抵そういう手口です。とにかく自分の主張や状況等をまくしたてて相手に考える暇も質問する間も与えず、洗脳して騙してしまうのです。騙された側も「孫のため」とか「絶対儲かるから」と洗脳されているので、家族が「おかしい」と忠告しても、頑なに詐欺師の肩をもってしまいます。また、プライドがある高齢者ほど

「自分は洗脳されていた」「自分が間違っていた」ということを認めたくないので、なおさら被害を食い止めるのが難しいのです。

仮に詐欺師でなくても、こういうまくしたてるような口調の人は自分にとって都合の良いことしか言わないので、本音が見えず、油断なりません。

ところが、この手のタイプでも上級者になると、**あえて弱みを見せる人**がいます。「自分は口下手で、押しも弱いんで営業は向いていないんですが」と頭をかきながら言ったりとか、「一生懸命話しているつもりでいましたが、人に伝えるってなかなか難しいものですね」と同意を呼びかけるように弱みを見せて、相手が共感して頷いてくれたり、自分が人間的に信用されたと感じたところで、突然、「私のつたない話に耳を傾けてくれたあなただけに、とっておきの情報をお伝えしますが」などと美味しい儲け話などをするのです。

この手のテクニックを使ってくる人は、間違いなく詐欺師です。最初からいきなり弱みを見せて来る人は、逆に警戒しましょう。

詐欺師の特徴は、知り合ったばかりなのに、いきなりあなたの世界に入り込んでくることです。上手い言葉をぺらぺらまくしたてるようにしゃべったり、弱みを見せて懐に入っていきます。つまり**饒舌で、いきなり距離を縮めてくる人と関わると、ほとんどの場合何**

らかのトラブルになる、と思っておけば間違いないでしょう。

人と人の間には、適度な距離間が必要です。いきなり会った瞬間から**「○○ちゃん」**と呼ぶようなお調子者や、慣れ慣れし過ぎたり、距離間のおかしな人は、付き合っていくと小さなトラブルが頻発します。仮に根が悪いタイプではなくても、距離間を保って、相手のペースに巻き込まれずに付き会った方が良いでしょう。小さなトラブルなので、「まぁ、いいか」と思っていると、それが積もり積もって大きなトラブルに発展することはよくあります。

また、SNSでは、あまり親しくない人や、会ったこともない人からいきなりため口だったり、説教するようなコメントや、長文のメッセージをもらうこともあります。当然、そういう人とは距離を置いたり、相手にしないか、ブロックしましょう。

SNSでとがったコメントをもらった場合は、「貴重なご意見ありがとうございました」で終わらせ、それでも絡んでくる場合は即ブロックしましょう。**対面の会話と違って、SNSの場合は相手を選べます。ブロック機能という便利な機能が付いているのですから、こじれそうになったら即座に遮断するのが最善策です。**

親しき仲にも礼儀があります。
親しくもないのに礼儀がない相手ならば、縁を切るのは当たり前です。

◎まとめ……まくしたてる口調の相手との付き合い方

①あまり親しくない相手の場合
←さりげなく距離を置き、二度と近づかない。

②ビジネスの相手の場合
←話を進めるとトラブルになるので、取り引きに応じない。甘い儲け話には絶対乗らない。

③SNSでいきなり説教したり、マウントを取ったコメントをしてくる場合
←「貴重なご意見ありがとうございました」で終わらせ、それでも絡んでくる場合は即ブロック。

3 クレーマーには絶対に使ってはいけない「D言葉」

あなたがビジネスをしていてクレーマーに絡まれた場合、絶対に使ってはいけないと言われているのが、「D言葉」です。

「D言葉」というのは、言葉の頭にローマ字の「D」が付く言葉のことで、ビジネスシーンや顧客応対のとき、相手に不快な感情を掻き立てやすい言葉と言われています。

「でも」「だって」「だから」「ですから」「どうせ」「だけど」……みな、ネガティブなニュ

アンスの言葉に聞こえないでしょうか？

とりわけクレーマーに対しては、この「D言葉」は禁句です。

「あなたの会社の商品おかしいんじゃないですか？」というクレームに対し、

×「でも、それはお客様の使い方がおかしかったのじゃないですか？」

×「ですから、説明書に書いてある通りにやれば……」

×「だから、何度も言っているじゃないですか？」

などと反論するようなD言葉を使って話しかけると、火に油を注ぐように相手を怒らせてしまうことになります。**「D言葉」はモンスタークレーマーの地雷スイッチ**なのです。

この「D言葉」は、クレーマーに対してだけではなく、会社でも、家庭でも、仲間内でも控えるべきです。「D言葉」は常に言い訳をする人が使う否定型の言葉で、相手を必ず不快にさせ、反抗心を起こさせるのです。

「君の企画は独創性がないんだよな」と言う上司に対して、

×「でも、部長が言う通りにやると、こういう方向性しかないんですよ」

×「だって、いつも時間がない中でやらされているわけですから……」

「あなた、休日だといつもゴロゴロ寝てるわね」と言う妻に対して、

×「でも、いつもは早く起きているんだから仕方ないじゃないか」

×「だって、疲れているし何もやる気がしないんだよ」

みな、後ろ向きの反論にしかなっていないのがわかると思います。このD言葉を使うと、建設的な会話はおろか、すぐに険悪な関係になってしまうのです。

一方、「D言葉」の真逆の言葉に、「S言葉」というものがあります。言葉の頭にローマ字の「S」が付く言葉のことです。

「その通りです」「承知しました」「失礼します」「すみません」……何となく素直で、一旦、相手のことを肯定している言葉に聞こえないでしょうか？

「あなたの会社の商品おかしいんじゃないですか？」というクレームに対し、

○ **「失礼しました。もしよろしければ、具体的に不具合について教えていただけないでしょうか？」**

○ **「すみません。もしよろしければ、新しい商品に交換させていただきます」**

この「S言葉」には、さらに決め手となる、とっておきの一言があります。それは、

「その上で」です。

S言葉を言った後で、「**その上で**こういう提案がありますけど」と繋げていくと、より建設的で、前向きな会話になっていくのです。

ネガティブな「D言葉」を使わずに、ポジティブな「S言葉」を使う。これを習慣づけるように心がけると、トラブルが激減します。無用なトラブルを作らない人と評価されたり、好感を持たれ、さらに「その上で」を口癖にすると、何事も前向き進むようになります。ビジネスの場で使う「S言葉」は応用型がたくさんあります。

「さすがですね」「信じられないです」「すごいですね」「そうなんですね」「そんな事があったんですね」……営業の人なら、これだけで会話が成り立ってしまうのです。

「D言葉」と「S言葉」――これを頭の片隅に入れておきましょう。

◎まとめ……「D言葉」と「S言葉」を覚える

①使うとネガティブな関係になる「D言葉」

←

「でも」「だって」「だから」「ですから」「どうせ」「だけど」……は使わないよう

に心がける。
②使うとポジティブな関係になる「S言葉」
←
「その通りです」「承知しました」「失礼します」「すみません」……を通用に心がける。
③S言葉に繋げて使うと効果的な決め台詞
←
「その上で」……決め手にこれを使うと、建設的で、前向きに話が進んでゆく。

4 本音の言葉は、信頼関係を築いてから

人に**本音を伝えるタイミング**は難しいものです。ちょっと機を間違えると、相手を傷つ

けるだけに終わったり、喧嘩になって、トラブルになります。

具体的な例を挙げてみます。

私の知人に、誰もが知る大企業に勤めていて、エリート人生を長い間歩んで来たSさんという方がいます。定年まで重要な役職をこなして勤め上げたのち、自分の経験を生かしてコンサルタント業を志していました。彼とはビジネスの講座で知り合ったのですが、とにかく、自分よりも立場やキャリアで劣る者に対して見下した物言いをするのです。

「あんなやつどうしようもない」「バカとは付き合いたくない」……

大企業の看板がある間は、その態度でもビジネスができていたかもしれませんが、フリーになってそれでは、誰も相手にしてくれません。その講座で、彼は典型的な嫌われ者でした。ところが、「なぜ自分の周りには誰も集まらないのだろう？」と不思議がっていたのです。

彼は、**自分の傲慢さが原因である**ことに気づいていませんでした。むしろ、「バカとは付き合わない」と考えていたので、「自分のほうが遠ざけているのだ」と思い込んでいたのです。すごいキャリアの持ち主で、大抵の人よりも年が上ですから、「自分は偉い」と思い込んで、人を見下すことに慣れていたのかもしれません。

けれども、何となく不安に思ったらしいSさんは、私のコーチングを受けることになりました。

私は、ビジネスで人と付き合う際の言葉遣いや、考え方を客観的に伝えました。当然、「人を見下すような態度ではビジネスはできない」ことも話しましたが、なぜか全然直りません。何しろ私の部下を呼び捨てにして、パシリのように使おうさえするのです。

それであるとき、Sさんにはっきりと本当のことを言いました。

「僕は年下ですけど、先生としてSさんにちゃんと伝えたいことがあります。かなりきつい話ですけど、言ってもいいですか？」

「何ですか？」

「Sさんの周りにはいつも人がいないけど、それは自分の方で寄せ付けないで、排除していると思っていたでしょう？」

「はい……」

「あんなバカとは付き合いたくないとか、よく裏で言っていたじゃないですか？　でも、それは言葉に出さなくとも、上から目線の口調や態度でみんなに伝わっているものなんですよ。だからSさんが避けていたわけではなくて、みんなから避けられていたんです」

「ここをちゃんと受け止められるか、それとも認めないか――ここで今後のSさんの人生が、大きく変わりますよ」

「えーっ!?」

この話を耳にしたとき、Sさんはかなりショックを受けている様子でした。

「ああ、そうだったのか……」と彼はしばらくしてつぶやきました。「いつも先生が言っていたことは、これだったんですね」

その瞬間、彼の中で、何かが繋がったのです。

それまで、Sさんは人との付き合い方に対する知識はあっても、**「自分ごと」**として捉えていませんでした。ところが、「自分が一番その知識から遠い人間だった」と気づいたその瞬間から、彼はがらりと変わりました。

言葉遣いも、物腰も謙虚になって、今では「S先輩」と誰からも慕われるようになったのです。それまでは皆から避けられていたのが、「Sさん、相談に乗ってください」と頼りにされる先輩になり、むしろ人気者になりました。キャリアや実績はすごいものを持っているのですから、あとは傲慢な自分のエゴや、上から目線の態度に気づくことができれば、コンサルタントとして頼られ、人気になることは間違いなかったのです。

相手に本音を伝えるとき、気を付けなくてはならないのは、信頼関係とタイミングです。信頼関係を築く前に本音を口にすると、大抵、相手を怒らせたり、傷つけるだけに終わって、喧嘩や仲違いなどのトラブルになってしまいます。

それでも、相手のために本音を伝えなくてはならないシチュエーションというものが必ず訪れます。多少ショックなことを言われないと、どうしても気づけない人がいるからです。

Sさんと私の場合は信頼関係を築いた上で、「**ここぞ**」というタイミングで本音を伝えたので、絶大な効果を発揮したのです。

確かに、その瞬間は傷つくこともあるかもしれません。しかし、**人が本当に変わるときというのは、自分の真実の姿に気づいたときなのです。**

60歳を過ぎてから自分の本当の姿を見つめ、大きく人間関係のあり方が変わったSさんは、嫌われ者からたちまちにして人気者に変わりました。

「本当の自分の姿を伝えてくれて、ありがとうございます」と彼から感謝されました。

本音を伝えるタイミングは紙一重。

相手にとって必要なタイミングで、ここぞというときに本当のことを伝えることができれば、トラブルになることはないでしょう。

◎まとめ……本音の言葉を伝えるタイミング

①相手が親しい友人の場合

←常に本音で話してＯＫ。

②ビジネス上の相手で、同年代か年下の場合

←相手の為になると思ったら、できるだけ早く伝える。

③ビジネス上の相手で、豊富なキャリアの持ち主か、年上の場合

←十分な信頼関係を築いた上で、「ここぞ」というタイミングで伝える。

5

「ここだけの話」と話しかけてくるゴシップ好きには近づかない

「誰と誰が付き合っているみたいよ」「誰々が不倫している」「あの人とあの人は仲が悪いらしいよ」「あの人は事業で失敗してやばいらしいよ」……こんなふうにゴシップが大好きな人が、みなさんの周りにもいると思います。

芸能人の話題ならともかく、**知り合いや、身近な人のゴシップを話しかけてくる相手とは、距離を置くのが賢明**です。なぜなら、相手に話を合わせただけで仲間と思われるだけではなく、あなたが陰口を言っていた、と責任転換されて、トラブルに巻き込まれる可能性が大だからです。

ゴシップ好きの人たちは大抵、**「ここだけの話」**と言いながら耳元で話しかけてきます。そういうときの話は、大抵マイナスの言葉や、悪口、陰口です。

その中の言葉に、「それはやばいね」「ひどいね」などと、あなたが一つでも同調したとしましょう。するとどうなるかと言うと、ゴシップ好きの相手はいろいろな場所で同じ話をしていますから、「あの人も言っていた」から、「あの人が言っていた」となって、まるであなたが発信元のようにされた上で、知らずしらずまき散らされていることになるのです。

つまり、**リアルでも、SNSでも、ゴシップが好きな人と付き合うとプラスになることは何もありません。**

たとえばヤクザの世界では、ゴシップ好きの相手がその場に居合わせただけで命取りになるので、そういう話になったらすぐ帰るのです。また、そういう相手と二人きりになったりする場所にも、みな、行かないように気を付けます。あちらの世界では、「言った」「言わない」が命取りになるからです。

これはサラリーマンの世界でも、フリーランスの世界でも、ママ友の世界も同じです。その場に居合わせただけで仲間に見られてしまうので、ゴシップの輪に加わることは要注意です。特に、政界などはパワーゲームの世界ですから、隙を見せると必ず叩かれ、引きずり降ろされます。

ゴシップ好きということは、他人のスキャンダルや、失敗が「大好き」ということです。

つまり、人の悪い部分や欠点をあげつらって、自分は正しい場所にいる、というマウントを取っているわけです。

当然、謙虚に自分のあるがままの姿を見つめるような素直な人間ではありません。いざとなったら、「ここだけの話、あの人はこんなことを言っていたよ」と裏であなたの陰口を言って、責任転換をするだけでしょう。

また、**ゴシップ好きの人は思い込みが強いので、一度相手が「こういう人間だ」と決めつけたら、絶対にその見方を変えることはありません。**

スキャンダルを起こした著名人に対するネットのコメントと同じです。芸能人や、政治家の失言にしたところで、もしかすると都合の悪いところだけ切り取られて、過激な発言をしたように書かれているかもしれない——しかし、決して全体の表現は見ようとしないで、決めつけ、後からその見方を変えようとはしないのが特徴です。

ゴシップ記者のように人の欠点を嗅ぎ回り陰口を言う人間と付き合うと、必ずあなた自身がゴシップのネタにされ、トラブルに巻き込まれます。隙を見せることなく、その場から自然に離れることを心がけましょう。

◎まとめ……ゴシップが好きな人との付き合い方

①「ここだけの話」と耳元でゴシップをささやかれた場合

←さりげなく距離を置き、相手の言葉に絶対に同調しない。

②あなたが裏で悪口を言われていることを耳にした場合

←一度、正面から話し合い、本音を伝える。

③それでも、自分の悪口を言っている場合

←縁を切り、二度と相手にしない。

6 ポジティブな言葉で「引き寄せ」ようとしている人とは、距離を置く

「引き寄せの法則」というものがあります。

「成功したい」と思っているうちは、成功できないし、願いは叶わない。そこで、「成功しました。ありがとうございます」と結果が出たように口にして、感謝することで、願いが引き寄せられる、といったようなメソッドです。

あるいは、「自分はいける」「ついている」と繰り返し口にすることで、前向きになったり、運がやってくる、というポジティブシンキングのメソッドなどもあります。

こんなふうな**プラス思考にはまる人は、心が弱い人**です。

仮に束の間、メンタル的にプラスな気分になっているおかげで物事が上手く運んだり、望んだものを手に入れるようなことがあったとしても、自力がないので長続きしません。

つまり、**他力本願的なメソッドにはまっている限り、本当の自力はつかない**、ということです。

「引き寄せの法則で成功した」と吹聴している人とビジネスをした場合、もう一つ別の危険があります。彼らの多くは**「自分に引き寄せる」ことばかりにフォーカスしているので、相手のメリットのことをまったく考えていない**のです。当然、ビジネスをすると上手くいかず、むしろトラブルに巻き込まれる可能性が大きいのです。

そもそも、「成功できる」と思い込んだところで、行動が伴わなくては現実のものにならないのは当たり前です。仮に前向きな波長になって、運良く流れがやって来たところで、自力がなければそれは一回切りのもので終わるでしょう。

理想の彼と出会いたい人が、「理想の彼と出会った」と口にし続けて人とまったく関わらずにいたら、出会えるはずもありません。

お金持ちになりたい人が、家でゲームばかりやっていてもお金はやってきません。身体を悪くしたり、メンタルがおかしくなったりするだけのことです。

自分から行動しなければしないほど——人と関わらなければ関わらないほど——、人の心は停滞し、落ち込み、マイナス因子を抱えますから、トラブルが舞い込んでくるだけなのです。

口にしているだけでは夢は叶いません。

なぜなら、そこには、**内観**が抜けているからです。

つまり、**今の等身大の自分の姿を見つめ、ネガティブなものまで含めて認めた上で、それを土台にして未来に向かって歩き出す、という具体的なプロセスが、そっくり抜けている**ことが問題なのです。


自力は、未来のビジョンに向かって一歩一歩、確実に行動する中でついてきます。

その行動の源になるのか、**内観**です。

つまり、**今、「あるがままの自分の姿」を自己認識することが夢を叶える最初の一歩なのです。**現状の立ち位置を認識することで初めて、どうやって階段のはるか上にある目標へ到達するか、具体的道筋を思い浮かべることができるのです。

思い描いた最高の目的に向かって一歩一歩、確実に自分の足で歩んでいく――それが本当にポジティブな生き方です。

山頂を目指す登山者のように、その人にとっては、ゴールすることだけではなく、その困難に見えるルートを辿り、乗り越えてゆくプロセス自体が楽しく、ポジティブで、自分の限界を引き上げ、成長させる行為になっているからです。

つまり、ポジティブになるためにはプラス思考や、他力本願のようなメソッドだけではだめで、**現状の自分を認める自己認識**が必須なのです。他力に頼るのは、自力をつけてからで充分です。

プラス思考のメソッドというのは、自分にとって都合が悪く感じられるこの**「自己認識」**の部分がすっぽり抜け落ちています。逆に言えば、だからこそ自分の本当の姿を見たくない、心の弱い人にとっては魅力的なメソッドなのです。

人事を尽くして天命を待つ——この気持ちで神様にお願いして始めて、他力は意味があります。

本当の自分の姿を見つめようとせず、具体的行動を起こそうとせずに他力本願のメソッドにはまっている人は、実力がつきません。また、「自分に引き寄せる」ことばかり考えているので、「共に引き寄せよう」という発想がありません。

「引き寄せの法則」にはまっている人と付き合ったり、ビジネスをする際には、足を引っ張られることがあるので気を付けましょう。

◎まとめ……プラス思考にはまっている人との付き合い方

①引き寄せの法則にはまっている人の場合

←

「引き寄せられるといいですね」と微笑んで交わし、深く関わらない。

②ポジティブシンキングにはまっている人の場合

←

「ポジティブな感じでいいですね」と微笑んで交わし、深く関わらない。

③セミナーなどに誘われた場合

←

「自力型なので」と軽やかに笑って交わし、さりげなく断る。

第5章

カガノ流トラブル回避術「お金編」

――「お金」の落とし穴にはまらない予備知識

1 投資話は99・9％詐欺と思え

今、投資がブームです。

物価も上がり続ける今、ほとんど利子が付かない銀行に貯蓄しているくらいなら、投資をして資産を増やしたり、経済を回したりして、老後の生活を安定させよう、といったメッセージがテレビの中にも、ネットの上にも、到る所に溢れています。それどころか今、話題の新ＮＩＳＡを筆頭に、国を挙げて投資を呼びかけているくらいです。

「みんな投資をしているみたいだから、私もやってみようかな」

こんなふうに思って、恐る恐る株式投資に手を出したり、若い人はＦＸや、ビットコインの投資を試している人もいるでしょう。

しかし、トラブル回避の観点からは、資産が少ない素人の投資はお勧めできません。

ネットなどの広告を見れば、「主婦が株でこれだけ儲けて副業をしている」とか、「トレーダーが何億円儲けている」と言った、甘い情報に目を奪われるかもしれません。

しかし、実は、**9割の人は投資で勝つことはできない**のです。たまに儲けることはできても、継続して増やせる人は、ほんのごく一部です（私自身、昔、投資で5000万円くらい損をしました）。

はっきり言いますが、投資話は99・9％詐欺だと思って間違いありません。

たとえば、今、流行りの株式投資です。自分が好きな会社を応援するために株を買い、損得関わらず長期的に保有するのならいいのですが、「株で儲けてやろう」などと思って素人が手を出したところで、儲けられるほど甘い世界ではありません。

「でも、株は毎日上がったり下がったりしているわけだから、儲けるか損するかは五分五分では？」と思うかもしれません。

しかし、実はここには一つのからくりがあるのです。それは、株に投じることのできる資産が少ない一般層ほど、株式投資が不利になる仕組みです。つまり、**資産が多い投資家ほど有利なように株価は操作されている**のです。

「本当にそんなことあるの？」と思われるかもしれません。

さて、証券会社が成り立っているのはどうしてだと思われますか？

彼らは顧客が得をしようと損をしようと、自分たちの利益には関係ありません。なぜなら、顧客が扱った取引額によってマージンをもらい、それが会社の利益になっているからです。つまり、彼らからして見ると、大口投資家の方が上客なのです。そこで上客をつなぎ止めるために、次のような手法が普通に使われています。


「このAという会社の銘柄上がらないかな」と大口投資家がつぶやくとします。

すると証券会社の上の方から、社員にお達しが出ます。

「どうやら、Aという銘柄が上がるらしい」


社員は、Aという銘柄を勧める営業電話を一斉に一般の顧客にかけます。すると皆が買うので、株価が上がり始めます。当然、億単位で株を持っている投資家は、数％の上昇で財産を大きく増やすことになります。

そこである程度の利益を確保したら、大口投資家は株を売ります。何億もの株を売ると株価は一気に下がります。しかし、一般の顧客にはその情報は回ってこないので、塩漬けになります。素人であればあるほど損切りできないので、勧められて買えば買うほど損をする——株に参入したばかりの人が勝てないのは、こうした「金持ちほど株は有利になる」という仕組みを知らないからです。

もちろん、中にはこの仕組みや、株価の波を理解して、儲けることができる人もいます。しかし、そのためには株式の仕組みを勉強し、流れを読んで、少し上がったらすぐに売るなどの機敏さ、損切りできる決断力なども必要です。

つまり、副業や、将来の生活のためにちょっと儲けてやろう、などと考えて参入する一般客が勝てるほど、株式投資は甘い世界ではない、ということです。**よほど余裕がある資産家か、努力して勉強し、強い意志や、自分なりの方法論を確立したプロのような人しか儲けることができない世界**なのです。

仮に専業でデイトレードをやるにしても、ずっとパソコンに張り付いていなくてはなりませんから、メンタルも安定しません。仮に時間を決めてやるにしても、「もしかしたら、明け方のニューヨーク市場で混乱が起きるかもしれない」などと思うと、心のどこかでそわそわして、常に落ち着かない——それでも、好きな人だけがやるのが株式投資です。

ビットコインなどは、株よりもさらに危険です。なぜなら市場が小さいので、価格操作がより簡単だからです。

つまり、**素人が簡単に儲けることができる上手い投資話などというものは、存在しません。**「ちょっと儲ければいいな」などと思って手を出す人は、確実に損します。一般人が投資に手を出すことは、トラブルに自ら頭を突っ込んでいくようなものなのです。

不動産投資も同じです。一時期、サラリーマン大家というのが流行りました。「家賃収入で老後を安心したい」という夢を抱く人は絶えませんが、今から参入しても、ほとんどの人が痛い目を見てしまいます。なぜなら、日本はバブルが終わってから、物件が上がることはまずないからです。

東京の一等地のマンション等、価格が上がる物件は限られています。そういう貴重な物件が、新規で参入してきた素人の客に回ってくるはずがありません。不動産屋は、良い物件であればあるほど、大きな資本がある上客に回すからです。これが今、莫大な資産のある外国人が、東京の一等地の物件を買い占めている理由です。

もちろん、将来、自分で住むためにマンションを買うような投資ならいいのです。それまでは誰かに貸して、返済に当てる――そういう買い方なら、少なくとも損はしないでしょう。つまり、**今から「不動産投資で副収入を得たい」とサラリーマンが参入しても、儲けることのできる業界ではなくなっている**ということです。

不動産業は海千山千の人々が牛耳っている世界ですから、素人が参入しても、彼らに搾取されるだけです（実際、私は今、不動産投資で大きな損失を出している人たちから、たくさんの相談を受けています）。

大手の会社だからと言って、信用してはなりません。最近では、某大手銀行主導で行われた不動産投資詐欺事件が世間を賑わせました。主に一流企業に勤めているサラリーマンが被害にあった事件です。

その銀行は「あなたは一流企業にお勤めだから、いくらでも貸しますよ」と巧みな言葉でだまし、数億円もの巨額な借金をさせて破滅へ導いたのです。

このように、むしろ大手だからこそ社会的信用を利用して、大きな額を扱った詐欺まがいの投資話を持ちかけてくることもあるのです。

投資をするなら、株でも、不動産でも、長期保有だけがお勧めです。「すぐに副収入を得よう」などと考えて試してみたところで、資産がコツコツと増えるどころか、半減してしまう可能性の方がはるかに高いのです。

今は、スマホを見ているだけで欲望を刺激する情報が入ってきます。「お金を儲ける方法ないかな」と検索していると、アルゴリズムでそれに近い情報ばかり目に飛び込んでくるようになります。結果、仮想通貨などの怪しげな投資に誘惑され、甘い夢を見て痛い目に遭う人が続出しています。

素人は投資で夢は見ない。手を出さない。

トラブルに遭いたくないなら、これを徹底することです。

あなたが投資で刺激的なトラブル人生を楽しみたい、というなら別段、かまいませんが、最終的にメンタルもやられ、生活も苦しくなり、借金持ちになる可能性大だと心得てください。

◎まとめ……投資の方法とリスク

①株式投資

↓
「副業で小遣い稼ぎしたい」というノリの人は、絶対に手を出してはいけない。よほど勉強してプロのようになるか、資産家でなければ長期的に儲けることは難しい。

②不動産投資
↓
「家賃収入で老後の生活を安定させたい」という動機で今から参入しても、良い物件はまず回って来ない。資産家でなければ儲けることは難しい。

③それでも投資をしたい場合
↓
株式投資なら、自分の応援したい会社の株を長期保有するか、安定した大企業の株で株主優待かマージンを得るに留める。不動産投資なら、将来、自分の住む物件を買い、それまで人に貸して返済に当てる。

2

リボ払いは闇金と一緒

「リボ払い」と言うと、何だかポップな響きに聞こえます。

実際、今、多くの人がショッピングで気軽に利用していますし、中にはキャッシングを利用している人もいるでしょう。

ところが、このリボ払いがあなたの生活を知らずしらず苦しめている原因かもしれません。何しろ**金利は約15％**――とにかく高いのです。

それでも、なぜみながこのリボ払いを選ぶかというと、高いものを買うときに分割して払えるのはもちろんですが、毎月、定額を払えばいいシステムなので、何となく気軽に感じるからです。

リボ払いを選択すると、クレジットカードの利用可能枠（限度枠）に収まる金額であれば、何度買い物をしても毎月の支払い額は変わりません。当然、利用した分だけ元金と手数料が増えていくため、支払い期間が長くなります。しかし、クレジットカードで買い物をしていると支払総額が増えていることに気づきにくいので、どんどん買い物をしてしまい、気づけば、**リボの泥沼**にはまっているわけです。

「毎月1万、2万の支払いならいいや」

これが甘い罠。毎月、数万円払い続け、枠が空いたらまたリボ払いで買い物したり、借りたりする。すると金利がどんどん膨れ上がるので、返しても返しても元金は減りません。クレジットカードは、商売で言えば売り掛けのようなものです。分割が多くなればなるほど、支払総額も増えていきます。これを心理的要素で、「いくら買っても定額返せばいいんだから」と利用者を洗脳するのが、**リボの悪魔的ささやき**なのです。このささやきに乗って、サラ金や闇金にお世話になるまでいった人を私はたくさん見てきました。

クレジットカードで買い物するにしても、何回かの分割払いや、ボーナスで一括払いをする選択するならいいのです。ところが、大抵の人は――特に若い人ほど――何となくリボ払いを選んで、毎月、延々と定額を払い続けています。そうやって日常的にリボがあるのを受け入れてしまうと、もうアウトです。大抵の人は、2、3年リボをやっていると抜け出せなくなります。

常に「何か生活が苦しい」と感じつつも、毎月、定額を払いながらぎりぎりの生活をしている。それで本当に生活が苦しくなって、リボ払いでさえ返せなくなると、まずキャッシングのリボ払いに手を出すことになります。それでますます支払いが増えて返せなくなると、今度はサラ金から借りるようになり、利子が膨れ上がって返せなくなると、最終的には闇金のお世話になることになる——という恐ろしい構図が待ち受けています。

つまり、**リボ払いを選ぶこと自体が、トラブルの始まり**なのです。

リボ払いは闇金と同じようなものだと考え、利用しないことをお勧めします。

◎まとめ……リボ払いのリスク

①何となくリボ払いでショッピングをすると……

↓

「毎月、定額返せばいいんだから」と計画性がなくリボ払いを使うと、いつの間にか利用可能枠一杯まで使うことになり、気づけば抜け出せなくなる。

②リボ払いを続けて2、3年が経過すると……

←完済は難しくなる。常に生活に余裕がなくなり、キャッシングにも手を出す。最終的にはサラ金や闇金のお世話になる可能性も……

③クレジットカードで高いものを買うときは

←3回くらいまでの分割払いや、ボーナスの一括払い等、短期で支払いを終える方法を選ぶ。

3

「課金地獄」にはまる前にアプリを消す

スマホの課金もバカに出来ないトラブル案件です。

ゲームやサブスク等、今や誰もがスマホで何かしらの課金をしています。スマホ課金は携帯の電話料金とクレジットカードの支払いが一緒になって、銀行から引き落とされます。「お金を払っている」という実感がないので、毎月の明細を見ると、積もり積もってたいへんな額になっていることがあります。

今、最もリスクがあるスマホ課金が、ソーシャルゲーム（ソシャゲ）の**「ガチャ」**です。ガチャは、くじ引きのようなものです。昔のガチャガチャのように、回して何が出てくるかわかりません。レアなアイテムが当たれば快感になり、脳内物質が出ます。ユーザーはその快楽を追い求めて、何度も何度もガチャを回してしまうのです。

つまり、**ガチャはユーザーを意識的に中毒にさせるシステムなので、パチンコのような**

ギャンブルと何ら変わりません。

とりわけ、お目当てのアイテムやキャラが出ないと歯止めが利かなくなってやめられなくなり、課金地獄が待ち受けている、というわけです。中には、何百万円とつぎ込んでしまう「ソシャゲ廃人」と呼ばれる人も存在する世界ですから、ゲームと思って気軽に入り込むと、**人生ゲームが終わりかねない**リスキーなものなのです。

ユーザーを「ガチャ」中毒にさせ、課金をさせることが運営側の狙いなのですから、合法とは言え、何とも恐ろしいシステムです。

一度この課金地獄にはまるとなかなか抜け出すことができません。ギャンブル依存症と似たようなもので、ユーザーはガチャに依存してしまうのです。

重症になると、理性では止めることができなくなります。そこで最善のトラブル回避策は何かと言うと、**スマホからゲームのアプリ自体を消去してしまうこと**です。

課金していたデータが消えると、今までの苦労が水の泡になり、ショックで再度プレイしようとは思えなくなります。もったいないと思うかもしれませんが、中毒になっていると感じたら、とにかくアプリを一刻も早く消去して、ソシャゲから足を洗うことです。

今、大きな問題になっているのが、子どものガチャトラブルです。親のクレジットカードを子どもが無断で使い、請求書が来てから何十万円も課金されることに驚く――そんな事案が多発しています。今は、電子請求書になっているので、親も気づきにくいのです。毎月、少ない額で引き落とされていて気づかないでいる親もたくさんいるかもしれません。

子どもによるスマホ課金については、驚きのデータがあります。

２０２０年度のオンラインゲームなどにまつわる相談を見ると、半数が課金額10万円から50万円。平均でも33万円で、１００万円以上が６・５％もあったというのです。

今の子どもたちはデジタルネイティブなので、親がまず油断しないことです。

子どもは特にリアルなお金に触れないので、課金は歯止めが利きません。

今や、ペイペイでお小遣いをあげる時代です。親の方も「子どもが何に使ったか管理できる」というメリットはありますが、その代わりに現金に触れていないので、子どもはお金のありがたみがわからず、課金トラブルに巻き込まれやすくなっている、という欠点があります。

子どもに対しては、お手伝いをしたら現金でお小遣いを上げたり、リアルなお金のありがたみを感じさせる体験を与えるのがトラブル回避のコツです。何かを達成したらいくら、というゲーム感覚を持たすといいかもしれません。

ソシャゲは最初、無料でプレイできるのも一つの甘い罠になっています。

「始めたときは課金するつもりはなかったけれど、気がついたら課金地獄だった」という**「ガチャ中毒」**に気をつけましょう。

◎まとめ……スマホ課金のリスクヘッジ

①ゲームやサブスクなど、いつの間にか高額の課金が毎月請求されている場合

←

スマホのアプリを見直し、使わないものは消去して、できる限り課金額を抑える。

あるいはクレジット払いではなく、現金で課金する。

②「ガチャ」による課金地獄にはまってしまった場合

←ゲームのアプリ自体を即刻消去する。課金していたデータが消えると、今までの苦労が水の泡になり、再度プレイしようとは思わない。

③子どもが「ガチャ」の課金トラブルを起こした場合

←子どもにスマホを持たせない。もしくは、使用制限をかける。クレジットカードなどを手に入れる隙を見せない。お手伝いをしたら現金でお小遣いを上げ、お金のありがたみをわからせる。

4

大金が入る＝トラブルの始まり

突然、あなたの元に思いも寄らぬ大金が舞い込んできたとします。ビジネスで成功したり、宝くじや、競馬、競輪などのギャンブルで大穴が当たったり、遺産が舞い込んで来たり……あなたは、大喜びするかもしれません。私だって、そんな大金が入って来たら大喜びすることでしょう。

実は、この身の丈に合わないほどの大金が入ったときが、一番、大きなトラブルに巻き込まれやすい状態なのです。実際、大金を手にしたために、身を持ち崩した人は私の周りにもたくさんいます。

それは大抵、次のような理由によります。

まず、お金が入ると生活水準を上げたくなります。いい部屋に引っ越したり、車を買ったり、いい服を着たり、時計やアクセサリー等……食べ物やシャンプーもオーガニックにしたい、と思うかもしれません。どうせなら海外旅行にも行こう、となるでしょう。

これだけ使ってもまだ余っているのだし、これまで思い描いていた夢のような生活を満喫したい、という気持ちはすごくわかります。

ちょっと贅沢するだけ、と。

ところが**一度上げた生活水準は、下げるのはほとんど不可能**なのです。お金がなくなってきても高い部屋に住み続けたい、良い車に乗り続けたいし、服もブランドものを着続けたい……それが人間の性《さが》というものです。

あっと言う間になくなってしまった、で終わりならまだいいのです。楽しむだけ楽しんだのですから……ところが、大金が一度に入ってきたら、宝くじを除いては次の年に巨額の税金を払わなくてはなりません。それを考えずにすべて使ってしまったり、すぐには現金化できないような投資に回したりすると、税金を支払えなくなる可能性が出てきます。結果的に、財産の差し押さえをされたり、脱税した場合は、最悪、刑事罰を受けることさえあるのです。

と言うわけで、**大金を得た場合にはまず冷静になって、来年の納税額を確認することが第一**だと心得ておきましょう。

驚くべきことに、アメリカのメジャーリーガーは、引退後5年で、約8割が破産しているということです。そのほとんどが投資の失敗や、ギャンブルなどによるものだと言われています。しかも、彼らのほとんどはお金がなくなってきても生活水準を下げることができないので、なおさら転落人生を歩んでしまうわけです。

実際、あなたが「お金持ちになった」と聞くと（隠していても、不思議とどこからか漏れてしまうものなのです）、投資を持ちかけたり、ビジネスを一緒にやろうと言ったり、詐欺師めいた人たちがたくさん寄って来るでしょう。

お金が入って気も大きくなっているところで、「よし、もっと儲けてやろう」とつい甘い言葉に乗って投資をすれば、全財産を失うどころか、莫大な借金を背負ったり、自己破産をすることにもなりかねません。

身の丈に合わないお金が入ってくると、生活水準や、仕事のあり方等、今までの人生のバランスがすべて崩れます。お金を使うようになると、それにつれて交友関係も変化するので、ますますお金を使うことになります。もちろん、ビジネスで成功したお金ならば、しばらくはその生活を維持することもできるかもしれません。ところが、一時的に稼ぐことよりも、継続的に稼ぐことの方がはるかに難しいのです。

継続的に稼ぐためには、それまでの生活リズムを崩さないことが大切です。お金が入っても浮つかず、地に足を着けて生活しましょう。一時的にいい気になっていても、お金がなくなったら誰もいなくなってしまいます。

もちろん、大金が入っても使うな、と言うわけではありません。3000万が一宝くじが1億円当たったら、3000万はパーッと使う。3000万は自己投資に回す等、計画を持った使い方をすればいいのです。3000万は貯蓄。

お金が入ったときこそ、地に足を着け、これまでの生活を変えずに地道に生きることを心がけましょう。

◎まとめ……大金が入ったときに気をつけること

①宝くじやギャンブルなどのあぶく銭が入った場合

↓

遊び、貯蓄、自己投資等、分割して計画的に使い、生活水準をむやみに上げず、いつもと同じ生活を心がける。

②ビジネスで成功して、一時的に大金が入った場合

↓

納税額を確認し、生活水準を一気に上げない。交友関係も昔からの知人を大事にしつつ、地に足を着け、地道にビジネス展開をする。上手い投資話には絶対に乗らない。

③ビジネスで継続的に成功している場合

↓

地に足を着けてビジネス展開していけば、何の問題もなし。

5 ブランドで着飾っている間は、トラブルを招き寄せてしまう

ビジネスなどが軌道に乗って高額収入を得るようになると、人間、どうしても気が大きくなってしまうものです。

そんな人によくありがちなのが、**突然、ブランドものに身を固め出す**ことです。

ところが、今までブランドものをまったく身につけていなかったような人がこれをやり出すと、確実に運気が下がり、トラブルを引き寄せてしまうことになります。

私の知り合いに、Aさんという30代の人がいます。ビジネス系の塾やスクールに通っていて、そこで何度か顔を合わす仲でした。

あるとき、Aさんはビジネスが上手くいき、大きな収入を手に入れました。Aさんにとっては、初めての大きな成功です。ところがそのとたん、彼は全身ブランドで固めるようになったのです。しかも、大きなロゴが入っているようなものばかりを好んで身につけ

るようになったのでした。

当然、周囲からは「急に変わったよね」「調子に乗ってるよね」「似合っていないよね」と不評です。それでも、彼は自分の成功に気をよくして、そんな声には一切、耳を貸しませんでした。「成功したのだから、自分はブランドに見合うだけの人間になったのだ」と勘違いしてしまったのです。

住まいも、東京の夜景が一望できるタワマンに引っ越しました。SNSには、夜景をバックにシャンパンを飲んでいる――そんなわかりやすい自撮りを上げるようになりました。しかも、人から何を言われてもまったく平気な様子なのです。

セミナー開催も高い会場を使うようになり、撮影するカメラマンも高額なギャラの人を使ったり……それまで、彼はビジネスにおいてはメンターをモデリングして、ある意味、忠実に実行していました。それで一旦、成功することができたのですが、少しお金が入った途端、生活水準を一気に上げ、オフィスまでいい所にしようとしていたのです。

「これ以上はやめとけ、破滅するパターンだぞ」と私ははっきりと忠告しました。

しかし、そのときのAさんは、誰の言葉も耳に入らない状態です。Aさんは忠告を無視して夜景が見える場所にオフィスを借り、さらに高いタワマンに引っ越して、セレブなイメージの生活に浸り、それをSNSで見せびらかしていました。ブランドものに、高級マンション、ハイソなオフィス……

案の定、半年もせずにキャッシュが回らなくなり、私の所にやってきました。

「燿暢《かがの》さんの言う通りでした。どうしたらいいでしょう？」としょげ返り、困り果てている様子です。元々は素朴で、素直な人間なのです。素朴だからこそ、一時の成功を自分の力として舞い上がり、勘違いしてしまったのです。

「今からならまだ間に合うから、全部解約しろ」と私は助言しました。「住まいも郊外でいいじゃないか。オフィスも返すしかないよ」

「でも、返ってこない保証金を払ったばかりだし……」とAさんは渋ります。

「しょうがないだろ。損切りするしか」

Aさんが「広告費も削る」と言ったので、それは止めました。

「収入源はフェイスブック広告だし、そこは削ったらだめだ。逆に上げていけ」他のものを削っても、そこだけは削るな、とアドバイスしたのです。

今まで買ったブランド品もメルカリで売るように言いましたが、よほどブランドものに身を包む気持ち良さが忘れられなかったのか、中々手放そうとはしません。

いくら口で言っても、これは難しいかな……

そんなとき、Aさんに彼女ができたのです。

その人は、派手好きではない、地に足の突いた女性でした。成功しているときだけではなく、落ちるところまで落ちた彼ともしっかり向き合って付き合い、支えようとするような素晴らしい人だったのです。

その女性と付き合い出してから、Aさんはがらりと変わりました。彼女と結婚すると郊外に引っ越し、派手なこともやめ、ブランドものもすべて手放して、地に足の付いた生活を送るようになったのです。

愛の力というのは偉大だな、と感じました。

心の平安を手に入れたAさんは、最近、復活しました。お金やブランドではなく、彼の元々持っていた素朴な人間性が良縁を呼び込み、運気を復活させたのです。

このAさんの例からわかるように、**虚飾に身を包んで、等身大の自分を見失ってしまうと、必ずトラブルが待っている**、ということです。なぜなら、**グラウディングができていない人は、自分の実力以上のセルフイメージを元にして行動してしまうので、どこかで破**

綻してしまうからです。

逆に言えば、ブランドものに身を包んで成功をアピールしている人に近づいても、何もいいことはありません。

Aさんはそうではありませんでしたが、丁寧な言葉遣いをしていても、どこかで相手のことを見下していますし、自分の利益のことしか考えていない人がほとんどだからです。彼らの多くは、**他人はお金儲けの道具**のようにしか見ていません。自分のような成功に憧れる人たちから「いかに搾取するか」というばかり考えているのです。人を金としか見ていないので、近づいてもお金のトラブルに巻き込まれるだけです。

もちろん、そのデザインや、価値観や、クオリティが本当に好きで身につけているならば、ブランドものを身につけるのは何の問題もありません。

また、ブランドものに身を包んでいても、**「演出でやっている」**と自覚している人ならば、OKです。**人前では「成功したらこうなれるよ」と夢を見させるためにそれを着て、普段はユニクロを着ていることを隠さない——こういう人は信用できますし、成功をし続けることもできるでしょう。**

舞台俳優や、歌手は、普段、スパンコールが付いた衣装を着ていません。北島三郎さんも、いつも華やかな着物やスーツを着ているわけではありません。ビジネスとプライベートで身につけているものを使い分けて、ファンを楽しませているのです。

逆に、「高価なブランドを身につけているから、自分はすごいんだ」と思い込み、**「ブランド＝自分」になると危険な状態です。**

ブランドがすごいのであって、それを着ている人がすごいわけではない――そこをかんちがいしないことです。物の価値と自分の価値はイコールではありません。

芸能人の多くは、目立たないように地味な格好をしています。けれども、本物の芸能人はオーラが出ているので、自然に目立ってしまいます。そんなふうに、地味な格好でもオーラが出るような人間を目指しましょう。

◎まとめ……ブランドで着飾っている人に待っているトラブル

①全身ブランドに身を包んでいる人がビジネスを持ちかけてきた場合

↓

あなたのことをお金儲けの道具としてしか見ていません。断って離れましょう。

②自分がビジネスなどで成功し、ブランドものを身につけたい場合

←

本当に好きなブランドで、あまり目立たぬおしゃれなものをさりげなく身につけるようにしましょう。人に見せつけるような自己顕示欲は見透かされてしまい、浮き足立って、ビジネスにも悪影響が出ます。

③それでも、ブランドもので身を固めたい場合

←

ブランドで身を固めるのはビジネスの「演出」だと割り切って、日常生活ではできるだけ地味な格好を心がけることでバランスを取りましょう。

6

海外では、「お金を持っている」アピールは絶対にしてはいけない

海外で高価なブランド品を身に付けて歩いていると、必ずと言ってよいほどトラブルに巻き込まれる、と心得ておいてください。

「貧しい国に行かなければ大丈夫では？」と思うかもしれません。

しかし、世界で最も治安が良い日本の感覚で海外に行くと、今は、先進国でも危険です。見た目から「お金を持ってそうだな」と思われたら、街中に潜んでカモを探しているプロに狙われて、瞬く間にトラブルに巻き込まれてしまうのです。特にヨーロッパで多いのが、スリやひったくりです。ちょっと油断していると、**日本人には想像もつかない手品のようなテクニックで被害に遭ってしまうのです。**

数年前、私がギリシャのアテネで観光をしていたときのことです。

とあるのどかな公園で、私は仲間6人とベンチに座って、アイスを食べていました。す

ると目の前から現地人らしき一人の男がやって来て、仲間に話しかけています。物売りかな、しつこくなりそうだな、と思っていたら、意外にもすぐに立ち去って行きました。話を聞けば「SIMを買わないか」と聞かれたそうで、断るとすぐに引き下がったとのこと。それにしても、ずいぶんあっさりしていたな、と思いながら、ふと横を見ると、私のバッグがありません。

「俺のバッグ知らない？　ここに置いていたんだけど、ないんだよ」そのバッグは、肌に触れるか触れないかくらいの所に先ほどまであったはずだったのです。

すると、背中にショルダーバッグを下げていた仲間が、「あっ、俺のバッグのチャックが開いてる！」と叫びます。

目の前の男に注目させておいて、後ろから仲間が素早く盗む、コンビのテクニックでやられたのです。

あいにくそのバッグには、携帯から財布からすべてが入っていました。実質被害は200万円。パスポートも取られて一文無しになってしまいました。それで途方に暮れていたのですが、アテネの大使館の人がいい人だったので、2日後の帰国に間に合わせてもらいました――このスリ被害は私にとって、良い経験になりました。

そのとき、盗まれたのは、オレンジ色をしたCOACHの派手なバッグでした。服装も、仲間の中では私が一番派手な格好をしていたのです。この経験をして以来、海外では絶対に派手な格好をしないようにしています。

これはとあるセミナーで行った団体の旅行だったのですが、100人くらい参加して、10人ほどがスリや置き引きに遭い、強盗に遭った人もいました。これが先進国と言われる今のヨーロッパの治安なのです。

「世界一治安が悪い国」と言われるベネズエラに行こうとして、「そんな格好をしていたら殺される」と忠告された知り合いがいます。彼はユーチューバーで、現地の動画を撮りたかったのですが、大使館の人に「命の保証ができない」と止められたそうです。「どうしても行きたい」と言うと、「その格好では行かないでください。できるだけ早く地元の人を捕まえて、着ている服を交換してください」と強い口調でアドバイスされたそうです。金目のものを持っていそうだとわかると、強盗なんて面倒臭いことをせず、その場で殺され、持って行かれてしまうというのです。

世界には、そんな危険な国もざらにあります。

海外では、明らかにそれとわかるブランドものを着て出歩いたり、「お金を持っている」アピールは絶対しないように気を付けましょう。

◎まとめ……海外旅行で危険なファッション

①過剰におしゃれな服や、ロゴの入ったブランド品はNG

←金持ちの観光客だと一発でばれて、犯罪者の標的にされます。普段より少し地味な服装を心がけましょう。

②英字がプリントされたTシャツなどは要注意

←デザイン的にあしらっているつもりでも、挑発的な言葉や、恥ずかしい言葉が書いてある場合があります。トラブルに巻き込まれたり、恥をかいたりすることがありますので、できるだけ英字がプリントがされたものを着るのはやめましょう。

③露出の多い服装（女性の場合）

←

イスラム圏の国などでは、ちょっとした露出もタブーだったり、人に不快感を与えることもあります。また、娼婦に間違われたり、治安の悪い国では狙われる等、リスクが増大します。肌の露出が多い服装は絶対にやめましょう。

第６章

カガノ流トラブル回避術「未来編」

——トラブルを完全に回避した人生に広がる未来

1 自分の内面、身の丈に合ったファッションを心がける

ファッションとは、**「自分はこういう人間だ」**という自己表現です。
初対面では、なかなか目の前の相手の価値観や、考え方まではわからないものですが、服装や、髪型、身につけているもの等の外見によって、私たちは相手がどんな人かを即座に判別しています。

「地味なグレーのスーツを着ているから、この人は真面目そうな人だな」
「ブランドもののスーツにいい時計をしているから、派手好きで、金回りも良さそうだな」
「柄シャツを着ているから、ちょっと恐い人なのかな」

そんな具合です。

逆に言えば、**ファッションは自分の価値観や、考え方をサイレントで表現できる自己主張の一つ**なのです。

だからこそ、自分が損をしたり、変な人に声をかけられたり、つきまとわれてトラブルにならないように、自分の内面や価値観とフィットし、なおかつＴＰＯに合わせたファッションを心がけるべきでしょう。

要は、ファッションで付き合う人を選ぶのです。

派手目のファッションであっても、それが本当の自分自身の内面と一致したファッションならいいのです。するとあなたの内面に合った人たちと付き合うことになるでしょう。

ただ等身大の自分以上に大きく見せようとしたり、価値ある自分に見せようとしすぎたり、キャラを作りすぎると、必ずと言ってよいほど反動があります。なぜなら、それは本当の自分自身の姿とは違うので、似たようなファッションの相手と付き合っていくうちに見透かされたり、バカにされたりして、上手くいかないからです。

「上っ面だけの人だな」

「カモがいるぞ」

などと思われたら、待ち受けているのは誰からも相手されないか、トラブルの未来しか

ありません。

ビジネスの現場では、こういう**「自分を大きく見せよう」**として過剰に装った人と仕事をすると大抵上手くいかず、大きなトラブルとは言えないまでも、小さなトラブルが続いて、関係は消滅していきます。

「人は見た目が9割」と言われるくらい、まず第一印象で判断されます。

そこから時間をかけて人間性が理解されていくわけですが、第一印象が悪ければ「もうこの人とは会わなくていいかな」となってしまいます。

講師業をしている人や、小さな会社の社長の中には、意識的に目立とうとして奇抜な格好をしている人もいます。とりわけ競争の厳しい講師業などは、様々なキャラクターを作って、売りにしている人がいるようです。**有名で、実力・実績があってのキャラ**だったらそれでも良いのですが、「目立って早く成功したい」と最初から身の丈に合わない派手な格好をしても、浮いてしまって、誰からも相手にされません。仮に一時的に成功することがあっても、その格好に見合った実力がなければ継続はできません。

無数の薄っぺらい情報が飛び交う今だからこそ、**本物**が求められる時代です。

キャラ作りはほどほどにして、まずは内面を磨き、自分自身の本当の魅力に気づくことから始めましょう。

内面を磨き、それに見合うファッションを身につけて行動すれば、あなたの未来には、折々のあなたの波長に合った素晴らしい出会いが待ち受けているはずです。

◎まとめ……ファッションによるサイレントな自己主張の方法

①社会人として定型で、無個性なファッションをしている人

↓

自分の内面に合ったような服装、アイテムなどを少しずつ身につけるようにする。

②等身大の自分よりもかなり派手なファッションをしている人

↓

やや地味目な服装に抑え、外見に追いつくように内面を磨く。

③ビジネス等で、キャラ作りのファッションをする場合
←
等身大の自分よりワンランクだけ高級なファッションに留める。

2 自己主張が強い人は、少しだけ地味な服を着てみる

ファッションで自分の内面を表現できる、と言いましたが、逆に言えば**ファッションを少し変えることで、内面のあり方も変えることができます。**

私は昔、100メートル先からでもわかるような派手な服を着ていました。原色系のシャツに、スポーツ選手が付けているようなネックレス……つまり、**「絶対サラリーマンではないな」**と誰が見てもわかるような格好をしていたのです。

美容室のオーナーである友人からは「ただでさえ目立つのに、地味なくらいが調度いい

よ」とよくアドバイスされていました。

それで少し落ち着く格好を心がけるようになったのですが、ポイントポイントで主張するファッションは変えていませんでした。

なぜなら、それが**「格好良い」**と思っていたからです。

ところが、講師の仕事をするようになって、クライアントさんからいつも同じ感想をもらうことに気づきました。


「ちょっと恐い人かと思っていたんですけど、話したらすごく優しいんですね」


「えっ!?」と私は驚きました。自分では気づいていなかったのですが、ファッションがまだ派手過ぎたのです。それでもクライアントさんは集まってくれていたので気にしていなかったのですが、あるとき、彼らの多くは、「自分とどこか似たような雰囲気がある人たちだな」と気づきました。

普通のサラリーマンよりも少し派手な、個人事業主や経営者がクライアントさんのメインだったのです。だから私のファッションに対してそれほど違和感がなかったり、あるいは、そんなふうになりたい、と憧れてやって来てくれた人が多かったのです。しかし、このままではビジネスの幅は広がらないかもしれない……

メンターに相談したところ、ずばり、次のように忠告されました。

「人はまず第一印象で相手を判断します。燿暢《かがの》さんがこれからもっと大勢の人の前で話をしてパブリックの人になっていこうと考えているのだったら、そのファッションでは損をします。外見も、セミナーの言葉使いもそうですが、そこで怖そうと思ったら　どれだけの見込み客を逃しているかを考えたほうがいいですよ。もちろん、これからも個別で話をして、その度に、この人はこういう人だったんだ、とわかってもらえる……それをずーっと繰り返したいのなら、今のスタイルのままでも構いませんが」

その頃、「もっと多くの人に自分のメッセージを伝えたい」と私は思うようになっていました。それまでは個別指導中心でしたが、大勢の人を相手に話をしていくスタイルにシフトすることを考えていたのです。

そこで踏ん切りがつきました。自分が「格好良い」と思っていた派手な服装やアクセサリーを身に付けるのを一切やめることにしたのです。

ビジネスの場だけではなく、普段から服装を地味なものに変えました。基本はどこのメーカーかわからない、黒系か白系の服を着るようにしました。とは言っても、素材やデザインにこだわり、おしゃれ感は出すように心がけました。

すると、たちまち変化が起きました。

それまでは男性のクライアントが多かったのですが、**急に女性が増えてきた**のです。また、講座に行ったり、パーティーに参加しても、今まで声をかけてこないタイプの人が普通に声をかけてくれます。外見を変えることで、交流する人々の幅が大きく広がったのです。

当然、ビジネスの幅もぐっと広がりました。ちょっと派手さを抑えるだけで壁がなくなり、誰とでも自然に付き合うことができるようになって、クライアントが一気に増えたのです。

それどころか、日常生活の人間関係もがらりと変わりました。まず自己主張し過ぎない格好をすることで、変な人が寄って来なくなりました。町を歩いていても道を聞かれるようになり、満員電車に乗れば、今までは自分の隣には誰も座らなかったのが、普通に横に座ってくれたりします。混んでいる駅の中を歩いていたら、人にぶつかられるようにもなりました。それらすべては、私にとって新鮮な体験でした。

派手な格好をしていると、似たような人しか寄って来ません。もちろん、これはプライベートでも同じです。つまり、**ギラギラした人には　ギラギラした人しか寄って来ない**のです。

普通の恰好をしていると、人生がすごく豊かになることに気づきました。ニュートラルな感覚で人と接し、自然体で生きられ、変な見栄を張らなくてもいいんだな、と素直に思えるようになったのです。

たとえば、行きたくない2次会には行かなくなりました。それまでは誘われれば断らず、2次会、3次会まで付き合って、みなと挨拶をしてから帰っていたのですが、恰好を変えると自分の心に素直になれるのです。やりたくないものは「やりたくない」、疲れているときは「疲れている」、と言えるようになりました。

人は、虚飾をなくすことで素直になれます。

服に影響を受けるのか、無駄な主張をしなくなり、他人とのトラブルはほとんどなくなりました。

派手な服装で自己主張して生きてきて、「最近、トラブルが多いな」と感じる人は、地味な服装に替えてみましょう。それだけで交友関係もがらりと変わり、あなたの内面も少しずつ変わっていきます。

◎まとめ……派手好きな人が、落ち着いたファッションに変える効果

①自己主張の強い人が、派手なファッションをしている場合

←

似たような自己主張の強い人しか寄ってこない。お金目当ての人も寄って来るので、要注意。街中でもトラブルに巻き込まれるリスク大。

②落ち着いたファッションに変えた場合（人間関係）

←

ニュートラルに、いろいろな人が声をかけてくれるようになる。男性の場合、女性受けが良くなる。ビジネスの幅も一気に広がる。

③落ち着いたファッションに変えた場合（メンタル面）

←自然体で生きることができるようになり、自分の心に素直になれる。無駄な自己主張をしなくなり、他人とのトラブルが激減する。

3 自己肯定感が低い人は、少しだけお洒落な服を着てみる

一方、自己肯定感が低く、自分に自信がなくて地味な服を着ている人は、少しだけ派手目で、お洒落なファッションに変えてみるといいでしょう。それだけでテンションが上がり、人生が明るい方向へとシフトします。お洒落な服を着て、気持ちを高めて行動するこ

とによって、新しい出会いがあったり、これまで自分の中に抑圧していた本当の自分が出て来るからです。

心が解放されていくにつれ、メンタル的に落ち込みづらくなり、トラブルではなく、幸運が寄ってくるようになります。

今まで地味目の服を着ていた人は　少しだけ派手な恰好をする——ちょっと派手過ぎる服を着ていた人は、もう少しだけ地味な格好をする——そうやって外見と内面を補い合うようにバランスを整える、という感覚が一番いいのです。

なぜなら、**セルフイメージというのはどうしても「ネガ」か「ポジ」のどちらかに偏りやすいので、そのバランスを取った服を着ることで、素直で、自然体な、本当の自分が表現されるようになる**からです。

私の生徒さんに、普段からオドオドしているMさんという若い男性がいました。

「ちょっとファッションコーチをやって上げて下さい」と彼の友人から頼まれました。

「それじゃ、講座が終わったあとにユニクロに行こうか」と私はMさんに声をかけました。

「ユニクロで良いんですか？」とMさんは驚きます。

「予算は1万円でガラッと変えてやるよ」と私は自信満々に答えました。

店内に入ると、

「まず自分だったらどれを選ぶ？」と私は聞きました。「自分にはちょっと派手だな、と思うものを選んでみて」

するとMさんが選んで持ってきたものは、案の定、全然派手ではないのです。地味好きな人は大抵、体型とは関係なくダボッとした服を選ぶのですが、彼もそうしたものばかり持ってきました。

私が選んであげたのは、彼の身体の線に合った服でした。値段は関係なく、シュッとした服を着る方がお洒落に見えるのです。これは明るい色でも、黒い服でも同じで、スタイリッシュに見えます。

ジャケット、シャツ、パンツの3点を替えたところ、ガラッと印象が変わりました。一緒に行った仲間にも、それまでの地味で、やぼったいイメージがなくなり、「できる男に見える」と驚いていました。

「今、着ているものをそのまま着て帰って」と私は言いました。「それから、今日、着てきたものはゴミ箱に捨ててね」

「えっ⁉」とMさんは驚いています。

「だって、持って帰ったらまた着るでしょ」

服が足りなくなる、と言うので、もうワンセット、その場でコーディネートして上げることになりました。これなら組み合わせを変えるだけで、6パターンのファッションを楽しむことができます。これだけあればしばらくは充分です。2万円でがらりとイメージが変わるのですから、安い買い物です。

ファッションをがらりと変えたMさんは、皆から「どうしたの？」と声をかけられるようになりました。特にこれまであまり縁がなかった女性から声をかけられるので――最初は恥ずかしがっていましたが――、それが自信に繋がっていくのです。

いろいろな人から声をかけられているうちにMさんはおどおどしなくなり、自然体で人と話すことができるようになっていきました。するとビジネスの実力のほうも、いつの間にかステージが上がっていたのです。

服と同調するかのように性格も明るくなって、人前で堂々と話せるようになり、ビジネスでも右肩上がりに数字を出せるようになっていったのでした。

服装は、簡単に自分を変えられるアイテムです。

自己肯定感の低い人は、ちょっとだけお洒落な服を着てみましょう。

人の見る目も変わり、自分の内面も変わります。その服に合うように、知らずしらず自分を成長させていくようにもなるのです。

◎まとめ……少し派手な、お洒落なファッションに変える効果

①自分に自信がない人が、地味なファッションをしている場合

↓

自己肯定感が低いままなので、積極的に人と関われず、自己表現もできない。マウントを取られたり、いいように人に使われたりと、受け身のトラブルが多い。

②少し派手な、お洒落なファッションに変えた場合（人間関係）

↓

自分に自信が付き、積極的に行動することができるようになる。新しい出会いも生まれ、交友関係が一気に広くなる。

③少し派手な、お洒落なファッションに変えた場合（メンタル面）

←自己肯定感が上がり、これまで自分の中に眠っていた「本当の自分」が表現できるようになる。明るくなるので、明るい人と交流ができるようになり、幸運もやって来る。

4 人工の光から自然光へ、居心地が良い場所を変える

今、私たちには自然の光を浴びる時間が足りていません。

むしろ自然光から目を背けて、人工的な光をずっと浴び続けているのです。屋内だけで

はなく、戸外でも、昼でも夜でもパソコンやスマホと一日中にらめっこし、街中には歩きスマホをしている人もたくさんいます。

そうやって自然の光から目を逸らし、余計な情報を詰め込んだり、SNSで他人と比較したりしながら、多くの人が心が落ち着かない毎日を生きているというわけです。

あるいは、あなたがサラリーマンなら、平日は飲み歩いて夜にネオンの光を浴び、休みの日は疲れ切って寝ているだけ、というパターンもあるかもしれません。

つまり、私たち現代人は今、自然の光から自分を遠ざけるような生活を自ら選んでしまっているのです。そのことが、私たちの心から余裕をなくし、不調和にさせ、空虚さを感じさせる大きな原因になっています。それで心の空虚さを満たすためにますますスマホの中に新たな刺激を求める、という負のスパイラルを生み出してしまい、それから脱出することができないでいるのです。

そこでこの負のスパイラルから抜け出すにはどうすればいいか、と言うことになりますが、一つ簡単な方法があります。それはスマホから目を離し、意識的に自然光を浴びることです。

人工的な光から離れて、自然の光を浴びるように心がけることで、心身共にエネルギー

が戻ってきて、健康で、創造的な状態になることができます。

たとえば、私はメンターが主催する勉強会で、しばしば箱根の合宿に参加します。合宿所は、箱根の駅からゆっくり歩いて30分、普通に歩いて20分ほどとまあまあの距離にあります。けれども、私たちはタクシーに乗りません。自然の中を歩き、余分な情報を落とし、メンタルを整え、リフレッシュするのも自然の中で合宿をする大きな目的の一つだからです。自然の中で光を浴びながら歩くことは、自分で思っているよりもはるかに心身のエネルギーを復活させてくれるのです。

都会に住んでいるから中々自然に触れることができない、と思う方もいるでしょう。しかし、家の近くでも、会社の近くでも、ちょっと遠回りして公園の中を歩くだけで、心身の状態を整えることはできます。

街中では、雑多な人がいない道を歩くだけでもいいのです。人通りの多いメインの通りを避けて裏道を歩いていると、心が澄んでくるのがわかります。

人工的なものから自分を遠ざけて、自然に触れる——スマホを覗き込まず、歩きながら自然を見つめ、自分の心の内部を見つめ、余分なものを落としていく作業をする——これ

が歩く瞑想です。

瞑想は座ってだけやるものではありません。散歩しながらでもできるのです。むしろ、歩きながら自分の内面を見つめる方が、身体を動かしている分、より心が落ち着き、没入できるのを感じることができるでしょう。

そうやって日頃溜め込んだ無駄な情報や、プライド、虚飾が落ちて来ると、人は自ずと自然体になるので、自然を愛するようになります。過激な情報を求めず、草や木を見ているだけで癒されるようになっていきます。心が整ってくると、強い刺激や人工的な光よりも自然の緑や、太陽の光を好むようになるのです。

また、**自然の中を歩いていると、机の前でいくら頑張っても出てこなかったアイデアが、次から次へと湧いて出てくることに驚きます。アイデアは自分の頭の中だけで生まれるものではなく、外部にある自然のエネルギーに触発されて、ひらめくものなのです。**

自然からパワーをもらいましょう。

都会の生活で疲れている人は、スマホから目を離し、ちょっとした回り道をしたり、公園の中を歩くことから始めればいいのです。そうすると心の中の波風が収まり、心が豊かになって、未来に向かって創造的な人生を歩むことができます。

◎まとめ……人工の光から自然の光に歩み寄ることで生まれる効果

①スマホを四六時中覗き込み、人工の光ばかり浴び続けていると……

↓

刺激的で、余分な情報が次から次へと入ってきて、心が落ち着かない。自然を感じることができなくなり、心身のバランスが崩れてゆき、様々なトラブルに遭いやすくなる。

②歩きスマホをせず、自然の中を歩くようになると……

↓

自分の中から余分な情報が落ちてゆく。心がすっきりしてリフレッシュ効果があり、心身共に癒やされて、よみがえっていく。

③自然の中を歩きながら内観する、歩く瞑想を実践すると……

↓心が空になってゆき、より自然を身近に感じられるようになっていく。思考でいくら頑張っても出てこなかったアイデアが湧き出すようになり、創造的な人間になれる。

5 過去の「自分らしさ」に囚われず、未来に向かって「新しい自分」を生きる

あなたは**「自分らしさ」**というものにこだわっていないでしょうか？

もちろん、人に媚びへつらったり、自分を押し殺したりして、「自分らしさ」を失うのは人間として辛いことですし、間違ったあり方です。仕事をしていれば、パワハラ上司だったり、クレーマーの前で、「自分らしさ」を発揮できなかったり、見失って、メンタルを病んでしまう人もいるでしょう。

だからこそ、今、「自分らしく生きよう」「自分を見失わないようにしよう」「自分らしく、

個性を大事にしよう」といったメッセージが巷には溢れているのです。

けれども、その「自分らしさ」にこだわり過ぎて、頑固になるあまり人とぶつかったり、トラブルが続いたりしていたら、要注意です。

それは**「自分らしさ」ではなく、単なる「過去のセルフイメージ」に執着しているだけ**かもしれません。


確かに、自分らしく生きることは大事です。けれども、その「自分」とはいつの「自分」のことを指すのでしょうか？

自分らしさというのは、あくまで**「自分はこういう存在だ」**と思い込んでいる一つのセルフイメージです。

そのセルフイメージは、もしかすると「今の本当のあなた」とは合っていないかもしれません。過去のイメージや、自分というものに対する固定観念に縛られすぎて、新しい自分に変化していくことができない——そんな頑固な大人になると、必ずいろいろな人とぶつかるようになり、トラブル気質になり、何事も上手く運ばなくなります。

たとえば、大人になってもリーゼントをしていたり、ダブルのスーツを着ている人がいます。パフォーマンスとして個性を「売り」にしているのならいいのですが、あくまで信念でやっていて、それが「恰好良い」と思っていたならば、やはり限界があります。外見で損をしていることもありますが、価値観の幅が狭いので、人間関係の広がりがどうしても限られてしまうからです。これはプライベートのみならず、ビジネスの場では致命的な弱点になります。

「俺はすごいんだ」「俺の言うことを聞いていればすべて上手くいくんだ」というワンマン社長も同じです。会社が上手くいっているうちはそれでいいかもしれませんが、赤字になったり、傾きかけたら、そのあり方や、やり方そのものを変えなくてはなりません。過去のセルフイメージや、成功体験にいつまでもこだわっていたら、時代の流れや、会社の状態に合わせて変化していくことができません（かつての私がまさにそうでした）。

あるいは、「自分は人間嫌いな陰キャだ」と思い込んでいたり、「人前で話すのは向いていない」とか、「どうせモテないから趣味に生きる」というネガティブな思い込みも、ある種のセルフイメージです。それでは、ずっと「過去の自分」というイメージの檻の中に閉じこもっているだけのことです。

ネガティブな固定観念はすべて捨ててしまいましょう。

すると、今、自分が置かれた状況にマッチした、新しい自分のあり方が見えてきます。いきなりポジティブ人間になったら滑稽ですが、そうではなく、**ネガティブなものへのこだわりを捨てることで、新しい自分が少しずつ内部から出て来るのです。**

もしも今の自分のあり方に限界を感じたら、「自分はこういう人間だ」と思い込んでいる信念を一旦、捨ててみることです。

「捨てると言ってもどうすればいいの？」と思うかもしれません。

いきなり内面を変えることが難しいなら、外面から変えてみましょう。

まずは服装です。格好付け過ぎていたり、自己主張が強過ぎていたりする人は、思い切ってかなり落ち着いたものを着てみるのです。最初は、人から「どうしたの？」と言われるかもしれませんが、少しずつ服に馴染んだ自分になることで、自然に、その服装に合った振る舞いができるようなります。

これまで、服装は本当の自分を表現するものとお伝えしてきましたが、間違ったセルフイメージを捨て去るために、ショック療法で真逆のイメージのものを着てみるのも手です。

あるいは、髪型を変えるのも効果的です。長すぎる人は短くしてみたり、前髪で額を隠していた人はアップにしてみることで、まったく明るいイメージになって、視野が広くなったりもします。

もう一つ大きな変化が見込めるのが、**言葉遣い**です。私は昔、自分のことを「俺」と言っていました。しかし、今では「僕」と言うことにしています。そうすると柔らかいイメージで、上品に聞こえることに気づきました。これまでとは違う意味での自己肯定感が生まれてきて、新しいセルフイメージが形作られていったのです。当然、付き合っていく人間関係も変わり、どんどん広がっていきました。

もしも今の自分に限界を感じたら、これまで「自分らしさ」だと思い込んでいたものを一旦、思い切って捨ててみましょう。

服装、髪型、言葉遣い――この3つを変えるだけで、自分がこだわっていた昔からの価値観や、固定観念から少しずつ自由になることができます。そうやって「新しい自分」で人と関わっていくことによって、新しい人生が展開されていくものなのです。

◎まとめ……「自分らしさ」に囚われず、「新しい自分」を作る方法

①昔からのセルフイメージである「自分らしさ」に囚われていると……

↓

交友関係が限られてきて、ビジネスの幅も広がらない。時代にそぐわない価値観を持ち続け、頑固になると人とぶつかり、トラブルに巻き込まれる。

②過去の「自分らしさ」を捨て、「新しい自分」を作るためには

↓

今、ある「自分らしさ」に限界を感じたら、服装、髪型、言葉遣い等。まずは外から変えてゆく。すると外見に合わせて内面も変化してゆく。

③「新しい自分」として生まれ変わったように生きていくと……

↓

時代の流れに合わせて変化することを恐れない、自由で、創造的な精神の持ち主になれる。交流関係も広がり、常に未来に向かってビビッドに生きることができる。

6 内面を強く、豊かにすることで、周りの人々を幸せにできる

これまで様々なトラブル回避方法をお話ししてきましたが、最終的には外見ではなく、内面です。あなたの**「心のあり方」**こそが、トラブルを招き寄せたり、近づけなかったり、そこから自然と離れさせたりしている最大の源なのです。

ほとんどの場合、トラブルは人との関わりからもたらされます。けれども、人は、人間関係の中で生きていく生き物ですから、常に誰かと関わっていなければ、この社会では生きていけません。

あなたの周りにもまた、いろいろな人がいるでしょう。親切な人もいれば、マウントを取ってくるような人もいるかもしれません。もしかしたら、あなたに嫉妬していたり、中には、お金を搾取をしようと企んでいるような悪い人もいるかもしれません。

今の世の中は競争社会ですから、人間的には良い人であっても、状況によってはライバルになったり、ときには敵になるケースも多々あります。

人と関わっている限り、喜びや楽しみはもちろんのこと、様々な葛藤や、トラブルは避けられません。だからこそ、第1章で述べた通り、自分の過去にある負の因子を見つめ、それを踏まえた上で未来に向かって羽ばたいていく「みそぎノート」を作ることをお勧めしたのです。

今の「あるがまま」の自分から、一歩一歩、自分で思い描いた明るい未来――最高のビジョン――へ向かって歩いて行くとき、人は目の前のトラブルをトラブルではなく、自分を成長させ、次のステップへと引き上げてくれるタスクと感じるようになるからです。

そうやって一つひとつタスクをクリアして行くと、不思議なことに自分の波長も上がっていきます。すると付き合う人も波長が高い人が多くなりますし、そうではない人を自然と遠ざけるようにもなるので、自ずとトラブルに遭いにくくなっていきます。

とは言え、今の世の中には、思いも寄らぬトラブルが到る所に満ちています。SNSでの付き合いや、ネットの偏向した情報や、甘い投資話等、油断していると誰もがはまってしまうような落とし穴がたくさんあります。そこでできるだけ具体的な例を挙げながら、それを避ける術を「**カガノ流トラブル回避術**」としてお伝えしてきました。頁数にも限りがあり、マニュアルと言えるほどの事例は挙げられなかったかもしれませんが、これを頭の隅に入れておけば、あなたが生きていく上で何らかの役に立つはずです。

最終的には、自分の内面の強さこそが、トラブルを回避させる要となります。内面が強ければ、仮に何かあっても巻き込まれずに、自分の思い描いた人生を歩んでゆくことができるのです。

「どうすれば、内面を強くできるのか?」などと心配しないでください。目的を持って、一歩一歩進んでいけば、自ずと内面は磨かれ、強くなっていきます。その道すがら、自然に触れたり、瞑想をしたり、読書をしたりして内面を豊かにすることも心がければ、1年先、5年先、10年先のあなたは、自分で思い描いた、明るい未来のビジョンの中にいるのに、ふさわしい人間になっていることでしょう。

そのとき、あなたは自分だけではなく、家族や、周りにいる大事な人々のことも様々なトラブルから守り、幸せにできる力を手に入れているはずです。

トラブルを終わらせる生き方とは、自分だけではなく、周囲の人のこともトラブルから守り、幸せにする生き方のことを言うのです。

◎まとめ……内面を強く、豊かにする方法

①まずは自分の中にある負の因子を見つめ、書き出して、認識する。
←
今の自分の状態を自己認識することで、グラウディングして心を安定させる。

②最高の未来のビジョンを思い描き、それを実現するための具体的方法を考え、実行する。
←
過去と現在を踏まえ、最高のビジョンに向かって歩き出すと、そのプロセスにおけるトラブルは自分を成長させるタスクとなる。

③最高の未来に向かって歩いていく中で、自分の内面を磨いていく
←

自分が成長し、内面が豊かに、強くなっていくと、自分だけではなく、周囲にいる大事な人々を守れるようにもなる。

おわりに

もしもあなたが今、何らかのトラブルを抱え、悩んだり、苦しんでいるとしたら、それは「過去の負の感情に囚われている」ことの証です。

そこで何よりオススメしたいのが、第1章でご紹介した**「みそぎノート」**です。

今の私があるのは、このノートのおかげ、と言っても過言ではありません。

私自身、これまで様々なトラブルを体験してきました。

10億円の借金を背負ったり、信頼する人から裏切られたり……何年か前には、会社のスタッフに何千万円も持ち逃げされたこともあります。若い頃の私だったら、苛立ったり、落ち込んだり、怒りに駆られたり——そんな負の感情に引っ張られて、さらなるトラブルを生み出すようなあり方しかできなかったかもしれません。

しかし、今は違います。

ことがあるごとに今、この瞬間の自分の内面を見つめ、過去を整理した上で自分自身から切り離して、未来へと向かうことができる「みそぎノート」を作る習慣を付けるようになってから、トラブルに対するメンタルのあり方がまったく変わったのです。

「みそぎノート」は、シンプルに「自己認識」ができるメソッドです。

このノートを付けることによって**「過去の負の感情」と「未来の目標」の区別ができるようになった**ので、不思議と腹も立たず、過去に引っ張られることなく、落ち込むこともなく、すぐにビジネスで結果を出して、そんなものはどこ吹く風という気分で、いつも前を見て歩いて行けるようになりました。むしろピンチなことがあったときこそ、自分が試されているようでワクワクさえするのです。

トラブルでも成功でも、過去に起きた現象は、過去のものに過ぎません。

過去にこだわっていると、前を向けなくなってしまいます。だからこそ、自分の身に起きたことを正面から見つめて自己認識したら、一旦、「それは過去のこと」と自分から切り離して、今、この瞬間から前を向けばいいのです。

人生は短いのです。

過去にいつまでもこだわってうじうじしていても、時間がもったいないとは思いませんか？

だとしたら、それを自身の成長させる糧として、踏み台にして、前に進めばいいだけなのです。

そのとき、トラブルはあなたを貶めるものではなく、むしろ飛躍させる確かな土台となることでしょう。


たとえば、「借金」と「借金問題」は違います。

「借金」は誰でもしています。クレジットカードを持っている人は、みな借金していると言っても過言ではありません。

普通に返済できているときは、それはただの借金です。

けれども、「今月、お金が足りない」「来月やばそう」とあなたが思ったときに、「借金」が「借金問題」にアップグレードしてしまうのです。

「離婚」も、円満離婚する人たちもいれば、「離婚問題」に発展してしまうケースもあります。

「遺産相続」も、普通に相続する人たちもいれば、「遺産相続問題」にしてしまうケースもあります。

トラブルはトラブルです。起きたトラブルにあなたの心を結びつけて執着してしまうか

ら、それが悩みになり、「問題」になってしまうのです。

起きたことは起きたこと――それは、今のあなたにとって「過去のこと」です。起きたトラブルと自分を切り離し、整理して、それを踏まえた上で明るい未来のビジョンに向かって具体的なルートを設定し、一歩一歩前に進んで行けばいいだけなのです。

その整理を手伝うのが「みそぎノート」です。トラブルに対する心のあり方を変えるだけで目の前に光が差し、見える景色がガラリと変わるのが実感できるでしょう。

トラブルがトラブルでなくなる生き方を実現したとき、トラブルはあなたを成長させ、人生をより良い方向に向かわせるチャンスにさえなります。

あなたが人生で何かのトラブルに遭ったとき、本書でご紹介したメソッドや、ちょっとしたワンフレーズでも役に立つことがあれば、こんなにうれしいことはありません。

２０２４年11月

燿暢 一魁

◆著者プロフィール

燿暢 一魁（かがの・いさむ）

セールスプロデューサー／BCW.株式会社代表取締役／JOY-MAX合同会社代表／合同会社ネクストソート・エデュケーション取締役

1967年神奈川県生まれ。高校卒業後、運送会社に就職するが、暴走危険行為により免停になり失職。その後、パチプロ生活を経て一念発起し近所の運送会社に就職。映画『トラック野郎』に憧れ19歳で独立起業（年商2,000万円　赤帽）するが、詐欺にあい2,000万円の借金で破綻する。

バブル時代には事業を拡大し、年商9,000万円を稼ぐも、1991年のバブル景気の崩壊により、2度目の破綻。

その後、日本道路公団、NTTドコモのカスタマーサービスをはじめ、中古車販売業、各種保険代理店業、レッカー業、金融業、外車輸入中古車の日本基準への改善作業、雑貨販売、広告代理店、印刷業、不動産販売業、輸入品販売、トラブル仲介業、人材派遣業、各種法律アドバイス、債権回収業、公営ギャンブル仲介業、警備業、などのビジネスを展開。

2000年、父親の運送会社に入社後、父親が残した借金（5,000万）ごと会社を引き継ぎ、リーマンショック時にも右肩上がりで売上を5倍（10億円）にするが、別事業の投資に失敗し、2011年末に10億円の借金と共に経営破綻。

友人の紹介で、のちのトラブル解決の師匠に出会う。自己破産せずに済む法律、方法で助けてもらう。2年間カバン持ちをしながら、師匠のスキームを学び、そのノウハウを体得する。師匠から独立後、自己破産させないコンサルティングを開始。金融機関、行政機関との対話を通して落とし所を模索し、借金問題をソフトランディングさせるスキームを確立。

セミナー事業では月間売上2億円を達成。起業初心者に対して、“具体的”で“わかりやすい”説明を実践。JV（ジョイントベンチャー）では、月間売上2億円を達成。セミナーセールスでは100％の成約を達成。現在まで1,000名以上のクライアントがコーチング・コンサルティングによって「売上100万～2000万以上UP」に成功。各業界から注目を集めている。

書籍コーディネート　インプルーブ　小山睦男
編集協力　鍋嶋　純
装　　幀　ごぼうデザイン事務所
組版・図版　株式会社プロ・アート

身近なトラブルを回避するたった一つの方法

過去と向き合い、環境を変えれば人生が変わる！

2025 年 1 月 15 日　第 1 刷発行

著　者　　燿暢　一魁
発行者　　松本　　威
発　行　　合同フォレスト株式会社
郵便番号 184-0001
東京都小金井市関野町 1-6-10
電話 042（401）2939　FAX 042（401）2931
ホームページ　https://www.godo-forest.co.jp/
発　売　　合同出版株式会社
郵便番号 184-0001
東京都小金井市関野町 1-6-10
電話 042（401）2930　FAX 042（401）2931
印刷・製本　株式会社シナノ

ISBN 978-4-7726-6244-4　NDC 336　188 × 130